코드 55

시와문화 에세이 02

코드 55

이정원 칼럼·수필집

시와문화

■책머리에

'양수 겹장'의 기쁨

작년 1월에 목동에서 아들과 딸이 사는 강남으로 이사 온 지 벌써 2년이 다 돼간다. 퇴직 후에 할 일이 없어 '하루 쉬고 하루 놀고…'라는 말이 유행하던 때 나는 과감하게 컴퓨터와 친해졌다. 누구의 도움도 받지 않고 자판을 익히는 일에서부터 각종 자료의 검색이나 단편적인 지식 섭렵에 이르기까지 인터넷을 통해 무궁무진한 인생을 다시 배웠다. 일거양득, '양수겹장'의 기쁨을 만끽하고 있는 것이다. 벌써 그 일을 15년째 해오고 있다.

중국 구향에 가면 눈이 퇴화한 '구향 맹어'라는 물고기가 살고 있다. 수천 년을 바위 속에서만 사니 눈의 기능을 잃어버려 앞을 못 보게 되었다고 한다. 만약 내가 퇴직 후에 아무 일도 하지 않고 가련한 삼식이(?)로 아내의 눈치나 보며 평범하게 세월이나 낚아 왔다면 내 삶이 얼마나 초라하고 황폐화되었을까? 생각만 해도 끔찍하다. 산이 거기에 있어 산에 간다는 알피니스트의 '산 예찬'처럼 컴퓨터가 거기 있어 컴퓨터 속으로 들어간 내 결단이 있었기에 나는 '시조시인'이라는 문패를 달고 늦깎이로 문단에 등단을 하여 세권의 시집을 낼 수 있었으며, 그 어렵다는 영상 만들기 프로그램인 스위시(swish)를 독학으로 공부하여 아름다운 동영상을 만든 대가로 '대한영상문인협회' 초대작가도 되었다.

글을 더 쓰고 싶은 욕심으로 최근 1년 반 동안 시조를 써서 발표하는 틈틈이 70여 편의 칼럼과 수필을 써서 온라인 카페나 페이스 북, 그리고 내 블로그에 발표하고 또 동창 친구들과 문우들에게 열심히 이메일로 발송한

대가로 '칼럼니스트', '에세이스트' 라는 명칭도 덤으로 더 얻게 되었다. 온라인 카페에 올린 글은 수많은 댓글로 칭찬과 격려를 받는 재미도 쏠쏠했다. 그리고 그 높아지는 박수 소리의 힘으로 나의 필력은 눈에 띌 정도로 수준이 향상되었다고 자찬한다. 특히 《현대시조》라는 카페의 운영자가 되어 직접 온라인 카페를 이끌어 나가다 보니, 보다 많은 문우님들과 나누는 훈훈한 정이 그리 따습고 정겨울 수가 없다. 컴퓨터 배우기를 정말 잘했다.

헌데 76세인 내 나이를 영원한 60대로 착각하고 체력에 무리를 해가면서 새벽 3시까지 며칠을 연속해서 폭풍처럼 글을 쓰다 보니 어지럼증이 생겨 급기야 병원 신세를 지게 되었고, 한발 더 나아가 전자파 영향일지도 모른다는 아들(정보통신학과 교수)의 압력(?)으로 부득이 자판을 멀리해야 하는 중환자로 전락하고 말았다. 그래서 당분간 휴필하기로 하고 그동안 써온 글 중에서 44편을 골라 '코드 55' 라는 이름으로 칼럼 및 에세이집을 발간하기로 결심하였다. 시인은 시만을 쓰는 에고이스트가 되어서는 안 된다. 현실을 꼬집는 사회의 목탁이 되기도 하고 비평의 전위도 되어야 한다. 그게 글 쓰는 사람으로서 나의 지론이다. 다만 잠시의 휴필(休筆)이 영원한 지필(止筆)이 될까 그게 두렵다. 제발 빨리 건강을 회복하여 자유롭게 컴퓨터 앞에 다시 앉을 수 있기를 간절히 기도해 본다.

이 책을 발간하기까지 애써주신 《시와문화》에 감사드리고 옆에서 글 쓰는 데 한결같이 내조해 준 영원한 반려자 아내에게도 고맙다는 말을 전한다.

2015. 11.

가을이 내려다보이는
선릉 서재에서
지산(止山) 이정원

|차 례|

제2부 노블리스 오블리주

제3부(수필) 코드 55

제4부(수필) 스마트폰과 책 도둑님

제5부 노을로 서서(시조 5편)

제1부
편견의 계급장을 떼자

과거가 없으면 미래도 없다

어제 저녁 예술의 전당에서 공연된 밀레니엄 오케스트라의 '아리랑 페스티벌'을 손아래 동서 내외와 함께 보고 왔다.

아리랑은 우리 민족의 애환과 정서가 배어 있는 한의 노래다. 어원은 멀리 신라시대까지 거슬러 올라가야 하지만 우리가 배우고 느낀 아리랑은 일제 식민통치 이후 독립운동가나 간도 혹은 시베리아로 유배된 조선 민족들이 나라 잃은 설움을 달래던 겨레민요라는 말이 더 실감난다. 그래서 한숨 짓듯이, 숨결을 토하듯이, 중치를 터놓듯이 혼자 부르는 것이 아리랑이라고 본다. 이보다 더 절절하게 아리랑을 묘사할 설명이 어디 있겠는가! 다양한 아리랑을 심포니로 들으면서 흥이나 신명보다는 일제 식민시대가 떠오르는 것은 금년이 광복 70주년 기념일이기에 더욱 한의 노래로 받아들였는지도 모르겠다.

나는 어제 아침 일찍 태극기를 걸고 광복절인 오늘 아침 아파트 베란다에서 내려다보았다. 관리실에서 게시판에 그렇게 태극기를 달라고 호소했지만 모두가 마이동풍이다. 이건 애국심의 문제다. 일본에 대해서는 사죄하라고 그리 외치는 국민들이 막상 그 기념일이 되면 나 몰라라 한다. 이건 창피한 이중성이다. 만약 우리나라 2,000만 가구가 모두 태극기를 내걸어서 태극기로 뒤덮인 민족적 애국심을 TV로 생중계했다면 일본 열도는 말할 것도 없고 전 세계가 깜짝 놀랐을 것이다. 그건 5,000만 국민이 외치는 합창이요, 현해탄 너머로 보내는 함성이기 때문이다. 왜 이렇게 쉬운 전시효과(Demonstration)를 위정자들은 생각을 못하는 것일까? 돈도 안 들고 민족정기를 발산하는 대규모 시위이니 국민들도 거부감이 없을 것이다. 그 시위는 광복 70주년인 오늘에 해야지 다음해에 하면 그 효과가 없다. 참으로 좋은 기회를 놓친 것이 몹시 애석하다.

오늘은 제2차 세계대전이 일본의 무조건 항복으로 종전을 한 지 70주년이 되는 날이며 우리나라로서는 광복을 맞은 지 70년이 되는 역사적인 날이다. 광복 70년을 맞은 우리나라는 GNP 60불의 최빈국에서 28,200불의 G20 국가의 일원으로 성장했으며, 곧 5030(인구 5천만, GNP 3만불) 클럽에 가입할 것이라는 희소식도 들린다. 위대한 민족이며 위대한 국가다. 백번을 자부심을 가져도 과한 표현이 아니다.

우리는 광복 70주년을 맞으며 광복 100주년 안에 통일이라는 기쁨을 맛보기를 기대하지만 통일은 어느 날, 어느 시기에 갑자기 다가올지 아무도 장담할 수 없다. 따라서 늘 통일에 대비하는 능동적인 정치를 해야 하며 세계사의 흐름을 한 순간도 놓치지 않는 발 빠른 대응이 절체절명으로 필요하다.

박근혜 대통령께서도 광복절 기념사에서 과거에 얽매이지 말고 미래로 가자고 밝혔지만 우리 8,000만 민족에게는 일제 36년간의 만행은 영원히 씻을 수 없는 상처이다. 따라서 일본은 과거사만큼은 진정성을 가지고 확실하게 사과한 후 미래로 함께 가는 통 큰 비전을 제시해야 하는 것이 옳은 보법이다.

그럼에도 불구하고 아베 일본 총리는 과거 역대 정권이 내놓은 4대 키워드인 '식민지배', '침략', '반성', '사죄'에 대해 그 당시에는 그것이 세계조류로 불가피했다는 엉뚱한 말로 두루뭉술하게 넘어갔다. 뿐만 아니라 후대에 늘 사죄만 하는 숙명을 물려주어서는 안 된다는 논리로 위안부와 침략 역사를 비껴갔다.

또한 원폭으로 입은 자국민의 피해만 강조하며 "일본이 전쟁을 일으킨 것은 세계공황으로 위기를 느껴 어쩔 수 없이 전쟁의 길로 들어섰다"는 불가피론으로 자기 합리화에 매몰하면서도 한국민에게 가한 잔학한 폭압에 대해서는 일언반구의 사죄도 없다. 같은 피해 당사자인 중국, 홍콩, 대만은 물론이고 미국, 영국, 러시아 등 2차대전 승전국 언론들도 아베가 이웃 국가들을 화나게 했다고 지적했다.

이에 우리 국민들은 다음과 같은 몇 가지 질문을 아베 신조 총리에게 전하고 그 진정성 있는 답변을 듣고자 한다.

첫째 조선총독부 마지막 총독인 아베 노부유키가 조선인에게 남기고 떠난 다음과 같은 악담에 대해서 총리로서 어떻게 생각하는가?

"우리는 패했지만 조선은 승리한 것이 아니다. 우리 일본은 조선민족에게 총과 대포보다 무서운 식민교육을 심어 놓았다. 조선은 위대했고 찬란했지만 조선은 결국 식민 교육의 노예로 전락할 것이다. 그리고 나 '아베 노부유키' 는 다시 돌아온다." -아베 총독.

둘째 총리는 일본의 후대들에게 "사죄만 하는 숙명을 물려주어서는 안 된다"고 말하며 위안부와 침략 문제를 호도하고 그 역사적 흔적을 지우고 있는데 그렇다면 '역사란 현재와 과거와의 끊임없는 대화이며 현재도 과거에 비추어질 때에만 완전히 이해할 수 있다' 고 설파한 영국의 사학자 E. H. Carr의 정의를 어떻게 생각하는가? 현재와 과거가 없이 미래의 역사가 존재한다고 보는가?

셋째 일본의 강제합병이 없었으면 남북 분단이라는 비극이 초래되지 않았을 것이라고 보는데 남북 분단에 대한 원천적인 책임은 어떻게 지겠는가?

넷째 한·일 양국이 미래로 함께 가자는 것은 식민 지배 등 이제까지의 역사는 없던 것으로 하고 원점에서 다시 출발하자는 전술로 보이는데, 그러면 전쟁에 승리하기 위해서는 원폭 투하가 불가피했다는 미국의 입장을 일본 국민들이 정서적으로 인정하고 용서한다는 뜻인가?

끝으로 1895년 10월 8일 일본 군인들이 경복궁 담을 넘어 조선 왕실에 침입, 왕후를 끌어내어 칼로 시해하고 차마 입에 담지 못할 만행을 저지른 책임을 낭인들에게 돌렸지만 실은 일본 육군 장교들이 저지른 사건이라는 사실이 드러났다. 이 전무후무한 왕후의 시해사건에 대하여 일본 총리로서 늦었지만 솔직히 사실을 밝히고 사죄할 용의는 없는가?

우리는 과거를 지우고는 결코 바람직한 미래로 전진할 수 없음을 잘 안다. 역사는 반복해서 생성하는 생물체와 같다. 그리고 미래를 위해서는 화해와 용서로 역사를 함께 극복하고 열어가는 지혜와 혜안이 필요하다. 어제의 적이 오늘의 우군이 될 수도 있고 어제의 우군이 오늘의 적이 될 수도 있는 것이 역사다.

미국과 쿠바가 1961년 국교를 단절한 지 54년 만에 국교 정상화의 마지막 단계를 알리는 양국 국가 게양식이 있었다고 한다. 냉전시대의 유물이 하나씩 청산되어 가는 현실을 보면서 이런 변화가 있을 줄 60여 년 전 어느 역사학자가 예언한 적이 있는가? 소비에트 연방의 해체가 그렇게 어느 날 갑자기 찾아올 것이라고 예상한 사람들이 있었는가?

역사에는 예단이 없다. 일본과 한국이 언제 어느 순간에 손을 잡을지 아니면 더욱더 원수가 될지는 아무도 모른다. 통일된 한국이 지금의 저력을 바탕으로 숙적 일본을 추월하지 말라는 법도 없다.

우리는 역사를 통해서 찬란한 백제문화와 조선통신사가 일본문화의 융성에 끼친 영향이 지대함을 분명하게 배워 왔다. 역사에는 가정이 있을 수 없다지만 만약 백제가 신라와 힘을 합쳐 왜구를 물리치고 정복했다면 지금의 동아시아 질서는 어떻게 변화했을까.

일본 문화보다 월등했던 우리 고대사를 보면서 우리나라의 선비정신이 일본의 훈도시 문화와 사무라이 정신에 졌다는 것이 아무리 생각해도 분하고 원통하다. 그래서 문명적으로 미개했던 왜구의 후손들이 기를 쓰고 근대화에 성공하여 한국을 속국으로 두려고 작정했던 것이 아닌가 추측해 본다.

광복 70주년을 맞으면서 가해자인 일본이 피해자인 한국에 먼저 솔직히 사죄를 하고 동반자로서의 손을 내밀 수는 없는지 안타까운 심정으로 이 글을 쓴다.

(2015. 8. 15)

방아쇠와 월드컵

25년 전쯤 회사 산악반을 따라 아내와 함께 백령도로 놀러간 적이 있었다. 배로 3시간 40분 정도 걸리는 이 섬은 서해 최북단에 위치한, 우리나라에서 8번째로 큰 섬이자 군 요충지이다. 백령도에서 바라다보면 북한 땅 장산곶이 바로 눈앞에 보이는데 그 앞에 조그만 월내도가 보인다. 이 섬은 백령도에서 약 17km 거리에 있고 백령도와 월내도 사이에 NLL이 있다.

대한민국이 온통 열광하는 붉은 티셔츠로 물들었던 2002년 6월 29일, 서해상에서는 우리나라의 초계함 참수리호가 흥건히 고인 붉은 피로 새빨갛게 적셔졌다. 동시에 대한민국호도 그렇게 피를 쏟으며 24명의 장병들을 내동댕이치고 맥없이 무너져 내렸다. 조국에 피를 받치며 장렬히 전사한 6명의 장병과 18명의 부상자들은 대한민국이 주저앉는 뼈아픈 현실을 통탄하며 차마 눈을 감지 못했고, 떨어져 나간 팔다리와 찢겨져 나간 살점을 바라보며 미처 울분조차 토하지 못했다. 그러나 나라가 주저앉아 버린 이유를 아무도 똑바로 알지 못했다. 그 누구도 얘기해 주지 않았기 때문이었다. 대통령에서부터 장관도, 참모총장도, 정치인도, 언론도 입을 닫고 눈을 감았다. 모두가 꿀 먹은 벙어리였다.

그러나 하늘과 땅과 산천초목과 역사는 그 이유를 안다. 아니 미천한 가축조차도 자기들의 배를 채워주려고 푸른 초원을 지켜준 용감한 군인들을 기억한다. 다만 국민들만 왜 그래야 했는지, 왜 모른 체하는지 몰랐을 뿐이다. 기막힌 역사가 공백으로 기록되는 참담한 현실을 바라보며 사관들이 쓰는 사초만 그 진실을 증언하고 있을 뿐이다. 오죽하면 전사한 부사관의 부인이 조국을 버리고 해외로 이민의 길에 올랐을까? 피눈물을 흘리며 남편이 묻혀 있는 그리운 조국산천을 버리고 이민 길에 오른 미망인의 피맺힌 응어리를 누가 풀어준단 말인가?

전쟁은 승리하기 위해 싸우는 것이다. 그러기에 전쟁의 최일선에 선 장병들의 목숨은 무엇보다도 숭고하고 싸우기 위해 전진하는 전장은 피로 얼룩진 장병들의 무덤인 것이다. 그 새빨간 피가, 그 튕겨져 나간 철모가, 끝까지 잡고 놓지 않는 방아쇠가, 고향 어머니 생각에 미처 감지 못한 눈, 그리고 자랑스럽게 매달려 있는 견장이 국가를 지키는 최후의 보루인 것이다.

미국 국회의사당에 가 보면 링컨기념관 앞에 한국전쟁에 참전한 미국의 참전 용사 19명의 동상이 승리를 상징하는 V자형으로 판초를 입은 채 전진하고 있다. 그리고 그 옆에는 이렇게 쓴 기념비가 보인다. 'Freedom is not free'(자유는 그냥 얻어지는 것이 아니다.) 나는 이 동상들을 보면서 진정한 마음으로 아무도 알지 못하는 'Korea'의 자유를 위해 숨져간 참전 용사들에게 눈물을 글썽이며 진심으로 고맙다는 말을 전했다. 왜 이들은 낯선 조그만 나라에 가서 피를 흘려야 했는가? 그 해답은 오직 '자유를 위해'라고 메아리로 돌아왔다. 지금 눈앞에 그려봐도 그 동상 모습이 가슴 먹먹하게 각인되어 있다.

하물며, 하물며, 그리고 또 하물며, 어찌 6명의 참수리 영웅들이 그동안 우리 정부에 의하여 철저하게 잊히도록 강요되어 왔단 말인가? 누구 하나 속 시원하게 그 이유를 말해준 사람이 있는가? 그들을 위해 술 한 잔 따라 준 국민이 있었던가? 비록 13년 만에 그 명예를 되찾았다고는 하나 그동안 구천에서 헤매던 넋을 어떻게 달래고, 그 조국애를 어떻게 돌려준단 말인가! 그리고 그 놈의 법인지 뭔가 때문에 세월호 참사자의 최저 1/30도 안 되는 전사 위로금을 왜 받아야 하며, 5·18 희생자의 1/20도 안 되는 보상금을 그들은 왜 받아야 하는가? 법을 소급 적용해서라도 보상금을 올려줘서는 안 되는 이유가 형평성 문제 때문이라고? 웃기는 소리 하지 마라. 이런 현실이니 10~20대의 여론조사에서 전쟁이 나면 피난부터 가겠다는 젊은이들이 60% 넘는 이유를 알 만하다.

어제 제2연평 해전을 다룬 영화 〈연평해전〉을 아내와 같이 보고 왔다. 객석에 앉자마자 묘한 감동으로 내 가슴이 떨렸다. 이미 언론매체를 통해 내용을 훤히 알고 있었는데도 내가 또 다른 나를 어찌 감당할까 하고 고민한 것이다. 그러나 처음에는 눈물이 나지 않았다. 허나 적의 기습 공격이 시작되어 배에 불이 나고 함포장 조천형 중사가 적의 총탄에 쓰러지면서 목에 걸고 있던 백일이 갓 지난 딸의 사진이 불타는 모습에 이르러서는 나는 울음을 참을 수가 없었다. 또한 정장 윤영하 소령의 아버지가 전사한 아들의 새하얀 해군복을 부여잡고 오열하는 장면에서 어깨를 들썩이다, 부상당한 전우들을 살리기 위하여 이리 뛰고 저리 뛰던 박동혁 병장이 적의 총탄에 맞아 국군통합병원에서 치료하던 중 3개월의 투병 끝에 숨지자 간호하던 벙어리 어머니가 전기충격기를 가슴에 들이대며 아들을 살려달라는 절규에서는 터져 나오는 두 눈물을 그대로 흘릴 수밖에 없었다. 그 외에도 모든 장병들이 다리가 잘리고 손가락이 너덜대도 방아쇠를 당기는 참혹하고도 투철한 군인정신에는 저절로 고개가 숙여졌다.

이 영화를 보면서 그 어린 나이에 조국을 위해 그처럼 열심히 싸우다 전사하고 부상당한 우리 아들들의 아픔이 결코 헛되지 않도록 자유민주주의의 사수를 위해 온 국민이 오직 한마음으로 이 강토를 지켜내야 할 것이라는 무슨 강박관념 같은 것을 느꼈다. 뜨거운 환호 뒤에는 반드시 어딘가 참담한 현실이 있고, 그 환호를 지켜주기 위해 목숨을 바치는 음지가 있음을 기억해야 한다. 많이 가진 사람은 못 가진 사람을 위해, 높은 사람은 낮은 사람을 위해, 정치인들은 국민을 위해 어떻게 하는 것이 나라를 위하는 것인지, 이 영화를 통해 반드시 '애국' 하나는 철저히 가슴에 품자고 제의한다. 그래서 국민들, 특히 정신을 못 차린 정치인들의 반성의 장이 된다면 하늘 어디선가 전사자들이 다시 '충성'을 외칠 것이다.

나오다 이 영화를 보러온 사병들을 보았다. 속으로 '충성' 하고 답례의 인사를 보냈다.

(2015. 7. 2)

노래 부르는 대통령

엊그제 신문을 보니 오바마 미국 대통령이 찰스턴 흑인교회 총기 난사에 희생된 목사의 장례식장에서 추모식 도중 어메이징 그레이스(Amazing Grace)를 부르며 고인을 추모하자, 교회를 채웠던 교인들이 일제히 일어서 함께 이 찬송가를 불렀다는 기사가 눈에 띄었다. 오바마는 희생된 희생자 이름을 차례로 부르며 그들이 '신의 은총을 찾았다' 고 했다. 오바마는 2012년 중임 대통령에 다시 출마하면서 후원금 모금행사를 열었는데 그때도 〈우리 함께해요(Let' s stay together)〉라는 노래를 불러 온 국민에게 희망의 메시지를 던졌다.

미국이 어떤 나라인가! 인구 3억 2천만에 세계 3위의 영토를 가진, 민주주의가 가장 꽃핀 나라이자 세계 1위의 정치적 경제적 군사적 대국이다. 200년이라는 짧은 역사를 가졌지만 미국이 세계 제1의 경찰국가임을 아무도 부정치 못할 것이다. 팍스 아메리카나는 그래서 미국이 세계 평화의 주도권을 장악하고 있다는 것을 뜻한다. 비록 팍스차이나라는 신조어가 생겨 앞으로 15년에서 20년 뒤가 되면 중국이 미국을 추월하여 세계 질서 유지의 패권을 잡을 것이라는 관측이 나오지만, 그래도 민주주의라는 보편적 가치를 유지할 강국은 미국이라는 점에는 이견이 있을 수 없다고 본다. 이러한 미국이 왜 세계를 움직이고 있는지, 그리고 어떤 지도자와 국민이 있기에 이처럼 강국을 유지·발전시켜 오고 있는지를 살펴보면 다음과 같은 점을 들 수 있겠다.

첫째는 미국의 대통령은 감성적이면서도 강력한 통합 능력을 가지고 있다는 점이다. 맨 앞에서 〈어메이징 그레이스〉를 부른 오바마 대통령을 보았듯이 미국 대통령에게서는 부드러우면서도 겸손하고 감성적인 지도자상을 발견할 수 있다. 정치라는 것이 어찌 보면 국민들의 감성에 호소하는 커튼콜과 같은 것이다. 연극이나 음악회에서 커튼콜을 받는 사람은 노래를 잘 불렀거나 감동적인 연기를 한 사람이다. 커튼콜을 받을 수 있는 연기력과 관객을 휘어잡을 수 있는 유연성과 감성이 풍부해야 다시 무대에 나올 수 있다. 미국 대통령은 그런 감성을 가지고 국민의 마음을 읽고 국민들은 그 감성적인 제스처에 환호하는 것이다. 그게 바로 소통의 정치인 것이다. 만약에 우리나라 대통령이 엄숙한 자리에서 노래를 부른다면 다음날 신문이나 여론으로부터 권위를 내려놓은 대통령으로 뭇매를 맞을 것이다. 그게 바로 미국과 한국이 공유하는 국민정서의 차이이다.

또한 미국 대통령은 강력한 통합능력을 가지고 있다는 점이다. 그러면 이러한 통합능력은 어디서 오는 것인가? 바로 질서에서 오는 것이다. 정치라는 것은 올바른 질서를 바로잡도록 그 통로를 만들어 주는 절차다. 국민과 국가가 어디로 갈 것인지, 그 길로 간다면 왜 그 길로 가야 하는지를 올바르게 이해시키고 소통하는 것이 지도자의 덕목이며 그 방향등이 올바르다고 판단하면 그 길을 따라가는 것이 국민들이 지켜야 할 질서인 것이다.

둘째로 미국은 국회가 여소야대가 돼도 타협과 대화로 쟁점의 매듭을 풀어나간다는 점이다.

정치는 오케스트라의 하모니 같은 예술의 극치라고 했다. 여야가 하모니를 이루지 못하고 정쟁과 비방에만 몰두한다면 어떻게 한 나라를 이끌어 갈 수 있겠는가? 정부가 하는 일에 일일이 딴지만 걸고 사사건건 발목만 잡는다면 어떻게 좋은 시책이라도 강력하게 밀고 나갈 수 있겠는가? 박근혜 정부는 출발과 동시에 국정원 선거개입문제로 1년을 허비했으며, 세월호 침몰사건으로 또 1년을 허비했고, 국회선진화법이라는 덫에 치여 정부의 서민경제 활성화 대책 논의도 지지부진한 채 또 1년을 허비하게 만들고 있다.

내년에는 총선거로, 후년에는 대통령선거로 정치판이 커지다 보면 이 정부는 식물정부가 될 수밖에 없다. 어떻게 여야가 합창으로 이렇게 국민 의사를 깔아 뭉개버릴 수 있는가? 물론 대통령이 항명하는 집권 여당 원내 대표를 찍어내듯 거론하여 국무회의에서 중계 방송되는 TV에 대고 여론 몰이를 한 것은 잘못이라고 본다. 차라리 당 대표나 본인을 불러 경고를 주고 사퇴를 종용한 후 그래도 의중이 전달되지 않으면 그 때 공개 경고를 줘도 이렇게 심각한 당청관계로 비화하지는 않았을 것이라는 아쉬움이 남는다. 그래서 제왕적 대통령이라는 비판을 받아가면서도, 유신세력의 잔재라는 오해를 받아가면서도 통치 스타일을 바꾸지 않는 그 이유가 궁금한 것이다. 허지만 오죽 답답했으면 그랬을까 하는 측은지심도 든다. 유 대표도 대통령과의 인연과 집권여당의 원내대표라는 점을 감안하지 않고 국익에 반하는 돌출행동을 한 것은 그러잖아도 좌편향된 것 아니냐는 의심을 갖고 있는 국민의 따가운 시선으로부터 자유로울 수 없다.

국회는 왜 존재하는가. 민주주의가 다수결의 원칙으로 다스려 나간다는 원론적 사실을 왜 여야의원들은 망각하고 있는 것인가. 얼마 전 국무총리를 표 대결로 인준하는 것을 보고 아, 이제는 대한민국이 살았구나, 드디어 질서가 확립되는구나 하고 박수를 치며 글을 썼던 나는 그 쇼가 결국 메르스 정국으로부터 잠시 시선을 피하려는 여야의 꼼수였다는 점에 땅이라도 치고 싶도록 분한 심정이다.

셋째는 국민과 법의 심판에 승복하는 자세가 미국을 강하게 만들고 그 힘으로 대통령은 맡은 소임을 소신껏 처리할 수 있다는 점이다.

지난 2000년 미국의 제41대 대통령 선거에서 공화당 부시 후보는 고어 민주당 후보에게 표로는 지고도 선거인단 투표에서 이겨서 대통령이 되었다. 당시 고어 후보 측에서는 부정선거로 선거인단 개표가 조작되었다고 주장했으나 결국 고어가 깨끗하게 패배에 승복함으로써 국론이 분열되는 것을 막았다. 미국이 아니라면 감히 생각할 수도 없는 페어플레이다. 우리나라 같았으면 어땠을까? 모르긴 해도 나라가 결딴났을 것이다. 패배했으면서도 상대방의 승리에 승복하지 않는데 승리했으면서도 결과에 승복하는 정당을 꿈에라도 상상할 수 있을까? 부수고 불 지르고 데모하고 온 나라가 난장판이 되고 쑥대밭이 되었을 것이다.

넷째는 전문가가 최상으로 대접받는, 상식이 통하는 사회가 미국을 받치고 있는 근본적인 힘이라는 사실이다.

어느 분야에서건 그 분야에서는 최고인 전문가가 있다. 선진국일수록 전문가가 대접을 받는다. 집 짓는 데는 그 분야에서 최고의 전문가가 있을 것이고 농사짓는 데는 그대로의 최고 전문가가 있을 것이다. 마찬가지로 전술 전략에도 전문가가 있고 정치에도 그 분야의 전문가가 있을 것이다. 우리는 몇 년 전 9·11테러의 배후 주모자인 빈라덴 사살 작전 수행시 특수부대의 활동을 지켜보는 오바마 대통령의 긴장된 모습을 TV에서 본 적이 있다. 당시 오바마 대통령은 특수부대 책임자를 가운데 회전의자에 앉히고 자신은 구석의 평의자에 앉아 턱을 괸 채 이 작전 모습을 참모들과 지켜보고 있었다. 대통령은 군 통수권자인데 이 장면은 홀대도 이만저만한 홀대가 아니다. 그러나 오바마는 특수부대장이 그 분야에는 최고의 전문가임을 인정하고 자기의 몸을 낮춘 것이다. 이 얼마나 감동적인 장면인가.

그러나 우리나라에서는 목소리 큰 사람이 전문가다. 세월호 사건이 이를 극명히 보여주고 있다. 시위 전문가도 있고 막말 전문가도 있고 국회에서 최루탄을 터뜨리는 파괴 전문가도 있다. 새치기하는 전문가도 있고 쓰레기를 무단 방출하는 전문가도 있고 앞지르기하는 전문가도 있다. 모두 자기가 전문가인 양 사회적으로 용인 받고, 대접 받고 싶어 하는 몰상식한 치외법권 지대의 사람들이다. 이 얼마나 씁쓸한 현실인가!

언제나 우리나라에서는 미국 대통령처럼 대통령이 노래 부르고 국민이

합창하는 아름다운 모습을 볼 수 있을까. 국민소득 3만 달러 국가보다는 승복과 질서가 확립되는 참된 선진국으로 언제쯤 발돋움할 것인지 그 날을 지켜보고 싶다.

(2015. 6. 30)

300명 국회의원들에게 묻는다

사학의 명문인 고려대학교에 들어서서 정경대학 앞쪽에 가면 4월혁명의 도화선이 된 고려대학교 4·18의거 기념탑이 서 있다. 이 탑은 1960년 4·18 고대 의거를 기념하기 위하여 세워진 것으로 이 탑에는 당시 국문과 교수였던 조지훈 시인이 쓴 비문이 새겨져 있다. 그 전문은 다음과 같다.

〈自由! 너 永遠한 活火山이어!〉
邪惡과 不義에 抗拒하여
壓制의 사슬을 끊고
憤怒의 불길을 터뜨린
아! 1960年 4月 18日!
天地를 뒤흔든 正義의 喊聲을 새겨
그날의 噴火口 여기에 돌을 세운다.

4·19혁명은 김주열 열사의 참혹한 주검으로 촉발된 마산시민들의 분노에 고대 4·18의거가 그 도화선의 불을 붙인 학생혁명이다. 이승만 정권의 12년 집권세력은 장기집권을 위하여 1960년 실시된 3·15선거에서 조직적인 부정선거를 감행하여 재집권에 성공하지만 민주적 절차에 의하여 지도자를 선출하고자 염원하던 국민들은 큰 실망에 빠졌고 이 국민적 열망은 마침내 4·19를 통해 학생들의 애국정신으로 폭발함으로써 이승만 정권의 몰락을 가져왔다.

그러나 130여 명이 사망하고 1,000여 명의 부상자가 피를 흘려 4·19학생혁명의 깃발을 올렸지만 혁명 주체세력이 정권을 장악하지 못함으로 해서 미완의 혁명으로 끝나고, 학생들의 피로 집권한 민주당은 신·구파의 알력과 매일같이 전국적으로 반복되는 사회적 혼란으로 5·16 군사쿠데타라는 군부통치시대를 자초했다. 4·19혁명은 시위학생들과 시위군중들이 자체적으로 조직화된 혁명의 지도력을 갖지 못하고 불의와 부패에 분노한 국민들의 반발 심리에 분화구로서의 역할만을 하고 학원으로 돌아간 것이기에, 그 때의 야당인 민주당에게 집권이라는 생각치도 못한 선물을 안겨주었다. 정치학에서 혁명은 권력의 갑작스런 교체를 뜻한다. 따라서 권력의 주체가 혁명세력이 되어야 하나 4·19는 학생들과 국민들의 피를 통해 민주당이 생각치도 못한 순간에 손 하나 까딱하지 않고 전리품으로 정권을 챙긴 횡재였다.

우리는 혁명 하면 '프랑스 혁명'을 먼저 떠올린다. 프랑스 혁명은 절대왕정이 지배하던 앙시앙레짐(구 제도)하에서 인구 대다수를 차지하던 평민의 불만을 가중시키던 중 마침 흉작으로 어수선하던 1789년 7월 14일 파리의 민중들이 악명 높던 바스티유 감옥을 습격하여 무기를 쟁취하고 왕당파에 저항한 시민혁명이다. 바스티유 감옥의 점령은 혁명의 도화선이 되었다. 당시 프랑스 신분제 의회인 삼부회는 귀족·성직자·평민으로 구성되었으나 이중 국민의 다수를 차지하는 평민들(특히 지식인과 상공업으로 돈을 만지던 사람)에게 재정적으로 많은 부담을 안겨주어 평민들의 불평불만이 최고조에 달했다. 그래서 프랑스 혁명은 부르주아의 정치 참여 열망에 다수 평민들이 특권 계층에 대한 불만이 승수작용으로 폭발하여 성공한 것으로 본다. 1792년 9월 21일 프랑스군이 왕정을 몰아내고 공화정을 선포하여 프랑스 제1공화국을 수립함으로써 루이 16세와 왕비 앙투아네트는 혁명재판에 회부되어 혁명광장(현 콩코드광장)에 마련된 저 유명한 단두대에서 수많은 시민들이 지켜보는 가운데 처형당했다. 따라서 프랑스 혁명으로 시작된 새로운 헌법은 진일보한 민주주의의 가치를 담고 있는바 프랑스 공화국의 공식이념으로 자유와 평등 그리고 박애 정신이 확고히 자리잡은 민주주의의 교과서로 지칭되고 있다.

우리나라의 4·19혁명도 자유의 쟁취와 독재의 추방이라는 민주주의의 기치를 내걸고 수많은 지식인과 젊은이들이 피를 뿌린 것이다. 그러나 불행하게도 민주당의 내각책임제 정권은 5·16 군사쿠데타라는 군인 통치시대를 자초했고 이후 32년간 군부 출신이 이 나라를 다스리는 계기가 되었다. 5·18 광주항쟁이나 6·29선언 발표 등도 신군부의 철권통치에 반대하고 자유민주주의의 회복을 위한 시민들이 일어선 반독재, 반군부 투쟁이다. 자유를 지키기 위하여 수많은 나라에서, 수많은 지도자가 투옥되거나 암살 등 테러를 당했고 수많은 국민들이 자유를 지키기 위하여 피를 흘렸다. 소련의 스탈린, 쿠바의 카스트로, 북한의 김일성, 이라크의 후세인, 중국의 모택동, 필리핀의 마르코스 등이 장기집권과 함께 국민의 자유를 억압한 대표적인 독재자로 알려졌는데 그들은 자기에 맞서는 국민들을 총칼로 위협하며 무자비하게 숙청하였다.

우리나라가 세계 10위권의 경제대국으로 성장하는 데는 박정희 대통령의 조국 근대화 추진과 국민들의 잘살아 보겠다는 염원이 딱 맞아떨어져 단기간에 후진국 대열에서 선진 한국을 이룩한 것은 사실이지만 10월 유신으로 영구 집권을 꾀하고 인권을 탄압한 점은 부정할 수 없다. 자유란 피를 먹고 자란다는 말이 있다. 그만큼 국민의 자유를 보장하는 민주국가를 세우기가 어려우며 역으로 국민들을 정권 연장의 수단으로 악용하여 독재를 감행한 예는 현대사에서 끊임없이 보아 왔다

미국의 예를 봐도 미국의 식민지들은 대륙회의를 개최하여 13개 주가 각각 국가를 결성하였고 그 중에서 버지니아주가 1776년 6월 12일 최초의 헌법인 버지니아 헌법을 제정한 것을 시발점으로 다른 주들도 각각 독립국가를 세워 오늘날의 연방국가인 미합중국으로 출발하게 된 것이다. 당시 영국은 프랑스와 벌인 '7년 전쟁' 때문에 발생한 부채를 해결하기 위하

여 미국 식민지에 대하여 각종 세금을 과도하게 부과한 것이 직접적인 원인이 되어 미·영전쟁이 발발하게 되었다. 미국은 1776년 7월 4일 영국으로부터 독립을 선언하고 토마스 제퍼슨이 기초한 독립선언문을 공포하여 독립을 결의하였다. 그리고 현재는 세계의 경찰국가로서 미소 냉전 이후의 가장 강력한 군사, 경제적 대국으로 세계 질서를 지배하고 있다.

우리나라 헌법도 영·미 헌법을 참조하여 국민의 생명, 자유, 행복 추구권을 헌법 정신 제1의로 삼고 있다. 4월혁명도 이 같은 헌법 정신을 훼손하고 있는 1당 독재를 타파하기 위하여 학생들이 앞장서서 피를 흘린 것이다. 그러나 국민소득 3만불 시대를 맞았으면서도 정치는 후진국 수준을 벗어나지 못하고 있으며 정치적인 무질서와 평행선을 달리는 퇴행적 양당정치 행태를 보임으로써 성장 동력이 떨어지는 경제적 정체를 면치 못하고 있다. 사회 질서만 보더라도 이건 자유가 아니라 방종이다. 자유란 책임을 전제하는 것이다. 책임이란 대화와 타협이 전제되는 도덕성을 의미한다. 그러나 오늘의 정국 현실을 보면 끊임없는 대립과 혼돈 속에서 대한민국호가 한 발자국도 나가지 못하고 있다. 프랑스나 미국 등이 전쟁을 벌이면서까지 쟁취한 독립정신은 생명과 자유와 행복 추구를 바탕으로 하고 있지만 국민을 하늘처럼 모셔야 할 우리나라 정치권은 사사건건 국민 위에 군림하여 정쟁에만 몰두함으로써 국민의 행복 추구권을 박탈하고 있다. 정치권의 부정부패가 나라를 좀먹고 경제를 흔드는 가장 큰 치명타로 작용하고 있다. 정치권의 부정부패 추방이 선행되지 않는 한 정의사회 구현과 국민들의 행복 추구는 요원하다.

모든 민생법안과 경제개혁정책을 세월호와 연계시키는 야당의 발목잡기로 집권 3년차를 맞은 박근혜 정권은 가속 페달을 밟아야 할 성장 동력을 상실하여 세월호 정국에서 빠져나오지 못하고 있다. 우리나라가 세월호 침몰 사건으로 얼마나 많은 국력을 낭비하고 있는가? 세월호 침몰 진상규명이라는 특별법 제정을 사이에 두고 정부와 여당, 그리고 재야단체와 야당이 양편으로 나뉘어 힘겨루기 싸움만 계속하여 국론이 분열되고 국력만 낭비하고 있다. 국회를 투쟁의 장으로 변질시킴은 물론 무슨 사건이 날 때마다 800여 개의 민간단체들이 앞장서서 깃발을 흔들고 있다. 그건 국민을 현혹하여 사분오열시키려는 북한의 남남갈등 정책에 동참하는 심각한 국가적 문제로 확대되고 있다. 도대체 공무원 연금과 국민연금 개혁이 세월호 사건과 무슨 관계가 있는 것인가.

55년 전 4 · 18 고대 데모 때 앞장서서 구호를 외치며 스크럼을 짜고 함께 학교까지 뛰었던 젊은 날 내 투쟁 정신은 어디서 누구한테 보상받으라고 정치를 이 따위로 하고 있는가? 젊은 학생들이 이런 현실을 보자고 4 · 19의 피를 흘리고 스크럼을 짠 것인가? 정치권 스스로 가슴에 손을 얹고 자신들의 행태를 뒤돌아볼 필요가 있다. 지금 국민들에게 가장 필요한 정책은 청년실업 문제를 해결하고 경제성장으로 일본의 잃어버린 20년과 같은 전철을 우리나라는 밟지 않게 하는 것이다.

친북노선을 따르며 이북 가서 손 한번 휘두르고 판문점으로 내려온 것이 그렇게 자랑스러운 일이라고 비례대표 국회의원이라는 날개를 달아주고 지난 총선에서 친북세력과 갈라먹기 타협으로 통진당의 이석기 같은 종북세력들을 국회의원으로 당선시켜 주지 않았는가? 나라의 명운이 위태로운 동족상쟁의 6 · 25와 이 나라의 자유와 민주를 지키기 위해 수많은 영령들이 피를 흘렸던 호국의 달을 앞두고 인격과 지조 높으신 조지훈 교수님께서 '자유 너 영원한 활화산이여' 라고 외치신 그날의 함성을 오늘에 되짚어 본다.

국회선진화법이라는 것을 주도적으로 만들어 자승자박하고 있는 집권여당이 야당의 정치 태업에 큰 소리 한번 못 치고 코뚜레 꿰인 송아지처럼 질질 끌려다니더니 이제는 눈에 거슬리는 시행령과 시행규칙을 모두 고칠 것이라는 야당의 전횡에 동조하여 개정안을 통과시켰다. 6년 후면 다시 제자리로 돌아올 공무원연금법이 내년의 총선 표를 의식해 맹탕 개정으로 여야가 맞장구쳤다. 입법부의 독재가 시작되었다는 어느 신문의 큰제목이 눈앞에 어른거린다.

야당은 다음 정권 탈환을 포기한 정당 같다. 그렇지 않다면야 정권을 잡았을 때 똑같은 경우로 야당에 발목 잡혀 국정을 제대로 운영하지 못할 것임을 간과했을 리가 없다. 선진화법이나 시행령의 개정 등이 그대로 부메랑이 되어 돌아올 것임을 야당이 더 잘 알 것이다. 그러면서도 도덕과 질서와 토론으로 국회 운영의 묘를 살리려 하지 않고 전투로 대응하는 것은 정권에 대한 집착이 없는 정당이라고 인정할 수밖에 없다. 대안 세력이 되려는 희망을 스스로 포기한 정당 같다. 한 발 더 나아가 여당이 정부와 대결하는 듯한 양상을 보이고 있어 집권당이 맞는지 의심하지 않을 수 없는 게 현실이다.

조국 광복과, 6·25, 4·19, 5·16, 조국 근대화 과정, 5·18, 12·12, 6·29 모두를 거쳐온 기성세대의 한 사람으로서 "당신들은 아버지 어머니 세대가 피땀 흘린 덕분으로 고생이라는 것을 모르고 자라온 세대들이다. 그런 세대들이 누백 년을 이어갈 대한민국의 앞날에 파멸의 시한폭탄을 설치할 것인가?"라고 묻지 않을 수 없다. 나라를 걱정한다는 300명의 국회의원들이여, 호국의 달을 앞두고 세월호 침몰사건 하나에 국가의 명운을 걸지 말고 좀더 대승적인 차원에서 나라의 앞날을 치열하게 고민해 달라. 다시는 자유를 침해당하는 불행한 역사가 이 땅에 찾아오지 않도록 분열과 대립과 혼란과 갈등의 소용돌이 속에서 이 나라의 중심을 잡아달라. 패거리·진흙탕 싸움 그만하고 부정부패 좀 저지르지 마라. 그것이 주권을 위임한 국민들의 간절한 소망임을 잊지 말라.

도산 안창호 선생은 "역사에 다소 관용하는 것은 관용이 아니요 무책임이니, 관용하는 자가 잘못하는 자보다 더 죄다"라고 말씀하셨다. 후에 역사는 누가 더 무책임했고 누가 더 죄를 많이 지었는지를 어떻게 평가할지 두고볼 일이다. (2015. 6. 1)

우리도 핵무기를 가져야 한다

올해로 우리나라는 해방 70주년을 맞는다. 아울러 남북이 분단된 지도 70주년을 맞게 된다. 그동안 6·25라는 뼈아픈 전쟁을 겪었으면서도 OECD 회원 가입국으로 국격이 높아지고 1인당 국민 소득 30,000불 시대를 눈앞에 두고 세계 10대 경제부국으로 국력을 신장시켜 왔다. 그러나 강대국의 전리품으로 허리가 잘린 우리나라는 지정학적 요인과 미·중·소·일본이라는 군사적, 경제적 대국의 이해관계로 신냉전시대의 볼모가 되어 365일을 적과 대치하는 위험 속에서 5,000만 민족과 2,000만 민족이 각각 155마일의 군사분계선을 사이에 두고 전쟁의 공포 속에서 살고 있다. 그러나 이 비극은 김일성 세습주의에 따라 김정은이 국방위원회 제1위원장으로 새로운 최고 통치권자로 등극함으로써 그 긴장 상태가 최고조에 이르고 있다.

물론 군사 전문가들에 의하면 국민 1인당 GNI(1인당 국민총소득) 규모가 10배 이상 되면 전쟁을 일으킬 수 없다고 말하고 있다. 2014년도 기준 1인당 GNI 규모를 비교해 보면 남한이 2,870만원, 북한이 138만원으로 그 격차가 무려 20.8배 수준으로 이 수치만으로 보면 북한이 남한에게 전쟁을 일으킬 가능성은 거의 없다는 얘기가 된다. 그러나 현대전이 핵전쟁으로 확산될 것으로 예상되는 이 시점에서는 단순한 GNI 수준만 가지고 전쟁발발 여부를 가늠한다는 것은 별 의미가 없다. 핵의 위력을 2차대전에서 경험한 바 있기 때문이다.

특히 북한은 핵폭탄을 제조·보유함으로써 실질적인 핵보유국이 되었으며 오는 10월 노동당 창건 70주년에 맞춰 인공위성을 발사하라는 김정은의 지시가 있었다고 보도됨으로써 이는 인공위성으로 위장한 대륙간탄도미사일(ICBM) 시험 발사로 미국을 압박하겠다는 의도가 아닌지 미국을 비롯한 서방 국가들이 촉각을 곤두세우고 있다. 고모부까지 무자비하게 사형시키는 냉혈동물 같은 김정은의 숙청 행위로 볼 때 어느 날 갑자기 공멸을 각오하고 핵단추를 눌러 미사일을 미국에 발사하는 무모한 행위를 저지를지 가늠하기가 어렵다. 천안함 폭침에서 보여준 바와 같이 핵무기 제조에 성공한 북한이 어디로 튈지 모르는 럭비공 같은 도발행위를 기습적으로 저지를 가능성을 항상 열어두고 국가안보에 총력을 집중해야 한다. 핵실험 성공에 따라 북한은 세계 6대 핵보유국으로 등장하였으며 최근에는 잠수함발사탄도미사일(SLBM)까지 발사에 성공했다고 선전함으로써 이제는 통제 불능의 국가로 계속 치닫고 있다.

잘 아는 바와 같이 일본은 20킬로급 원자탄 2발에 2차대전의 패전국이 되었는바 북한이 핵탄두를 소형화 · 다종화하여 장거리 발사용으로 제조에 성공한다고 하면 미국마저도 안전지대가 아닌 지구 공멸의 시나리오에 빠질지도 모른다. 만약 1메가톤급 핵폭탄이 세종로 사거리 상공에서 폭발할 경우 폭발 지점으로부터 반경 7km 이내의 모든 사람이 사망하고 따라서 업무시간이라면 3km 내에 있는 300만 명이 전원 사망할 것으로 국방연구원은 분석하고 있다. 10킬로톤급 핵무기를 서울에 투하한다면 최소 34만 명의 사상자가 발생하리라 한다. 그러나 발사 직후 중간에서 핵폭탄을 파괴시킬 수 있는 사드의 한국 내 배치는 중국과 소련의 자국 내 영토 내부를 샅샅이 들여다볼 수 있다는 이유를 들어 배치를 반대하고 있다. 그러나 핵무기를 보유하고 있지 못한 우리는 최선의 방법인 사드 배치를 신중하게 고려해야 한다.

물론 이런 일은 어디까지나 가정이기 때문에 북한이 실제로 공멸을 각오하고 남한에 핵폭탄을 발사할 가능성은 거의 없다고 본다. 그러나 일본이나 미국 본토를 직접 겨냥했을 경우는 미국의 보복 공격으로 남북한이 공히 공멸할 것이다. 이렇게 되면 중국과 러시아가 가만있을 리 없기 때문에 3차대전으로 확대될 가능성이 매우 높다.

우리나라는 핵을 보유하고 있는 주적, 바로 북한과 대치중이다. 핵폭탄에 한발 더 나아가 핵융합을 이용한 수소폭탄을 개발한다면 정말 큰일이다. 개에게는 몽둥이가 최고라고 눈에는 눈, 이에는 이로 대적할 수밖에 다른 방도가 없다. 핵에는 핵으로 맞설 수밖에 없다. 그래야 핵 억지력을 갖게 되는 것이다. 과거 1970년대 박정희 대통령은 비밀리에 핵 개발을 시도한 적이 있다. 당시 닉슨 미국 대통령은 주한 미군 2만 명을 철수하겠다고 선언했다. 이에 국가 안위에 위태로움을 느낀 박대통령은 핵무기를 개발하여야 하겠다는 결심을 굳히고 미국 등 외국에 있는 유명 과학자들을 불러들여, 국방과학연구소를 대덕에 세우고 핵무기 개발에 박차를 가하였다. 그래서 우선 평양까지 도달할 수 있는 미사일 개발을 독려하여 드디어 서해 해상에서 성공적인 발사 실험을 마쳤다.

한편으로는 1974년에 인도가 핵실험에 성공하였고 미 정보부는 한국도 독자적인 핵개발을 할 능력이 있다고 본국에 보고하여 이 기사가 워싱턴포스트지에 보도되자 한국의 독자 행동에 우려를 표명한 미국 정부는 드디어 한국을 미국의 핵우산 안에 포함시키기로 방향을 선회하였다. 만약 그때 한국이 핵개발에 성공하였다면 지금 한국의 국제적 위상은 어찌 되었을 것이며 북한의 핵개발이 가능했을지 미국에 묻지 않을 수 없다.

그 당시 미국의 유명한 물리학자이자 노벨상 후보감인 한국계 이휘소 박사가 교통사고로 숨지자 국내에서는 미국이 한국의 원자핵실험 성공을 우려하여 CIA로 하여금 교통사고를 위장, 살해했다는 이야기가 파다했다. 그리고 한국을 침략한 일본을 남북한이 원자탄을 생산하여 무찔렀다는 소설 『무궁화 꽃이 피었습니다』가 폭발적인 인기를 끌면서 베스트셀러가 되기도 했다. 그러나 현재 핵융합기술연구 후발 주자로 부상한 우리나라는

KSTAR(한국형핵융합연구로)를 독자 개발하여 세계가 협력 요구를 할 정도의 높은 기술을 갖추고 있다. 핵폭탄 제조 기술을 보유한 국가임은 틀림없어 보인다.

미국은 얼마 전 미일안보조약을 강화하면서 일본이 플루토늄을 생산해도 좋다는 선까지 양보하여 일본은 언제라도 핵무기를 개발할 수 있는 기반을 마련하였다. 그러나 남북한이 대치하고 북한이 핵무기를 개발한 현실에도 불구하고 미국은 우리나라가 플루토늄을 생산하는 것을 막고 있다. 왜 강국은 핵무기를 보유해도 되고 선진국에 진입한 한국은 안 된다는 것인지 핵보유국들은 답해야 한다. 이러한 현실을 감안하여 우리도 스스로 핵 억지력을 보유하여 핵폭탄을 가져야 한다는 목소리가 높아지고 있다. 물론 우리나라는 한미방위조약에 의하여 미국의 핵우산 아래 서 있다. 이를 기회로 과거 햇볕정책이라는 미명하에 좌파정권이 북한에 달러를 퍼줌으로써 그 보답이 핵개발이라는 적반하장의 뇌관으로 우리나라를 위기국면으로 몰아넣은 바 있다. 따라서 국가안보차원 중 가장 강력한 대항마인 핵무기를 우리도 생산하여 자위적 핵 억지력을 갖춰야 한다. 그것이 바로 5,000만 대한만국 국민이 살 수 있는 유일한 수단이다.

다음으로는 핵무기를 보유한다면 군비가 대폭 줄어들 것이며 현재의 군복무 기간을 단축하여 모병제를 검토할 수도 있을 것이다. 그러면 청년들의 공급이 늘어나고 사회적 공백 기간을 최대한 줄일 수 있다. 물론 학업단축의 효과도 부수적으로 따라와 아까운 두뇌가 녹슬지 않게 될 것이 자명하다. 그리고 한해에 들어가는 국방비 예산이 2015년의 경우 총 37조원임을 감안할 때 이를 전용하여 국민 세금 부담을 낮추거나 복지 향상에 쓸 수 있다. 지금 핵무기에 대항하여 한미 간에 논의되고 있는 사드에 대하여 자세히 알아보면, 사드는 최대 사거리 200km, 최대 요격 고도 150km 정도로 목표물의 낙하지점 상층에서 요격하는 미사일이다. 1개의 포대는 6기이며 이를 운영하는 비용은 약 1조원이 소요된다고 한다. 수도권을 보호하기 위해서는 최소 4개 포대가 필요하다고 하며 이를 예산으로 환산하면 4조원이라는 막대한 비용이 추가 군사비용으로 필요하다. 그러나 사드만으로는 북한의 이동식 발사대에서 동시에 발사하는 미사일을 격추할 수 없다는 것이 군사 전문가들의 시각이다.

더욱이 최근 성공적으로 발사하였다는 북한의 SLBM의 경우 그 발사지를 전혀 예측할 수 없어 이를 추적하여 섬멸하기가 매우 어렵다는 것이 큰 문제로 떠오르고 있다. 또한 사드 배치에 들어가는 비용이 막대하여 군사비도 무시할 수 없다는 것이다. 특히 사드 배치를 위해서는 중국과 소련의 동의를 얻어야 하는 어려움이 있다. 중국은 한국 내 사드미사일 배치를 적극적으로 반대하고 있다. 더욱이 이북이 NPT(핵 확산 금지 조약)에서 탈퇴하여 핵무기를 개발하였기 때문에 정치 · 경제 · 군사적으로 많은 압박을 받은 것은 사실이지만 이제 와서 핵무기를 포기하라고 한다 하여 핵 보유를 포기할 북한도 아니다. 미국이 북한에 대하여 적극적이지 못한 것은 북한이 바로 핵보유국이라는 사실 때문이다.

따라서 비대칭인 군사력을 균형으로 맞추기 위해서는 우리도 핵무기를 보유해야 함이 절대적으로 요구되고 있지만 우선적으로 핵을 개발하자면 NPT에서 탈퇴해야 한다. 그러면 국제적으로 고립될 수밖에 없는 것은 불을 보듯 뻔하다, 그러나 북의 핵폭탄 제조가 기정사실화된 현실을 감안하면 우리도 북한처럼 경제적 국제적인 어려움을 겪을 것임은 각오해야 하고 핵을 개발하여야 한다. 힘의 논리가 세계를 지배하기 때문에 이미 핵무기를 보유하고 있다고 인정하는 미국, 영국, 러시아, 중국, 프랑스, 북한 등 6개국은 누구나 인정하는 핵 강대국이고 비공식적으로 핵무기를 이미 보유하고 있다고 보는 나라만도 파키스탄, 이스라엘, 인도 등 3개국이 있으며 과거 핵을 보유했던 국가로서 핵무기를 개발할 능력이 있는 나라는 남아프리카, 카자흐스탄, 벨라루스, 우크라이나 등이 있다. 핵무기를 실질적으로 보유하고 있다고 핵보유국으로 분류된 3개국에 대해서는 아무도 이들에게 정치적 군사적 시비를 걸지 못하고 있으며 과거에 핵을 보유하고 있던 4개국은 여차하면 핵무기를 제조할 수 있는 기술을 보유하고 있는 국가이기 때문에 자국이 어려움에 직면한다면 언제라도 핵 보유국가로 발돋움할 수 있다. 따라서 이런 역학적인 국제문제들을 비교해 보면 우리나라의 핵보유는 너무나도 절실하다. 광복 70주년, 남북 분단 70년을 맞으면서 왜 우리가 일본의 식민지가 될 수밖에 없었는지를 고려하여 핵보유에 대한 국민적 공감과 역량을 집중하는 현명한 판단을 기대한다.

(2015. 5. 20)

출사표는 이미 던졌다

기원전 로마의 원로원은 갈리아 총독이었던 율리우스 시저를 해임하고 군대를 해산하도록 명령하였다. 그러나 시저(B.C. 100~B.C. 44)는 '주사위는 던져졌다' 고 외치면서 원로원의 명령을 거부하고 로마로 향하는 루비콘 강을 건너 로마로 쳐들어가 폼페이우스 일당을 몰아내고 전 이태리를 지배하게 되었다. 그래서 루비콘 강을 건넌다는 말은 더 이상 물러설 수 없는 상태에서 어떤 용단을 내릴 때 자주 인용되는 말이다.

『삼국지』를 읽다보면 한나라 장수 한신이 병사들을 강을 등에 지고 싸우게 하는데 더 이상 물러날 곳이 없다는 각오로 싸운 한신의 병사들은 이 전쟁에서 죽음을 각오한 병사들의 전투력으로 결국 대승을 거두게 된다. 또한 삼국지에는 촉한 승상 제갈량이 제1대 황제 유비가 위나라 땅을 수복하지 못하고 죽으면서 '반드시 북방을 수복하라' 는 유언을 남기자 군사를 이끌고 위나라를 토벌하러 떠나는데, 떠나는 날 아침 촉한의 제2대 황제 유선 앞에 나아가 그 유명한 출사표*를 바친다. 비장한 각오와 맹세를 밝힐 때 흔히 인용되는 말로 출사표를 모르는 사람은 없을 것이다. 주사위는 던져졌다, 루비콘 강을 건넜다, 배수의 진을 쳤다, 출사표를 던졌다는 말은 어떤 일을 수행함에 있어서 더 이상 물러날 곳이 없을 때 많이 썼고 이 말처럼 대부분 성공한 경우가 많다.

4·29 미니 총선에서 한나라당이 광주를 제외한 전 지역에서 승리를 거두었다. 광주는 새민련의 아성임에도 불구하고 무소속 천정배 후보가 당선됨으로써 이번 보궐선거에서는 새민련이 완패를 당하였다. 세월호 민심

과 성완종의 자살로 불거진 경남기업 게이트로 인하여 승기를 잡는 듯했던 새민련은 예상 밖으로 전패함으로써 분열의 조짐 앞에 심한 내부 갈등을 겪을 것으로 예상된다.

이번 여당 승리의 주된 원인의 첫째는 민심이 세월호 사건으로 짙은 피로감에 싸여 더 이상 이 문제로 나라가 시끄러워져 경제의 발목을 잡아서는 안 된다는 위기감이 팽배했기 때문으로 본다. 세월호 사건이 발생한 지 1주년이 지났는데도 세월호 특별법의 시행령을 개정해야 한다는 목소리를 키우고 성완종 사건을 또 다른 특검법을 만들어 조사해야 한다는 무리한 요구를 함으로써 야당에 대한 국민들의 불신이 커져 간 데 있지 않은가 생각한다.

대통령께서는 남미 자원 외교를 위해 출국하면서 특검을 받아들이겠다고 하였고 또 시행령도 고치겠다고 약속하면서 순방길에 오르셨다. 그걸 왜 못 기다리고 왜 못 믿는 것인가. 특히 세월호대책유가족협회의 시위에 일부 폭력단체와 친노 종북세력이 가담하면서 파괴와 폭력을 일삼아 공권력이 무너지는 슬픈 현실에 대해 대다수 국민들이 위기의식을 느꼈기 때문에 표로써 재야 단체와 야당을 심판한 것이다. 우리나라같이 좁은 국가에 웬 단체가 800개나 된단 말인가?

둘째는 보수와 중년세대들이 선거에 적극적으로 참여했다는 점이다. 60세 이상이 된 신중년 세대는 친북세력과 전투정치에 몰입하는 야당을 신뢰할 수 없다는 확신을 갖고 투표에 참여한 것이다. 매일같이 벌어지는 데모와 불법집회에 가뜩이나 어려운 서민들에게 정치집단의 집회가 더욱더 경제에 주름살을 가져오고 있다는 것을 실감하고 있었기 때문이다.

셋째는 호전적인 북한이 핵폭탄을 계속 생산하고 실험에 들어가는 등 북한 전역을 요새화하고 남북간 특히 북한의 긴장관계가 고조됨은 물론 중국과 일본의 강대국화에 신변적 위기의식을 느꼈기 때문에 정국의 안정을 기대하는 신중산층의 심리가 선거 여론에 일조를 했기 때문이 아닌가 생각한다. 지금 일본은 독도의 영유권을 주장하는가 하면 센가꾸 열도에서 중국과의 긴장관계를 높여가는 현실에 국가 안정과 국민의 결집력이 절대적으로 필요하다고 느낀 침묵하는 다수가 여론의 흐름을 주도하고 있었기 때문이라고 본다.

넷째는 여성 대통령이라고 해서 국민들이 보이지 않게 성차별을 일삼고 있고 심지어는 무시하는 경향이 있기 때문에 이러한 여성 대통령에 대한 동정심과 모성애가 여성들을 결집하게 만든 계기도 한 몫을 했다고 본다.

우리는 여기서 이제부터 무엇을 어떤 순위로 어떻게 풀어나가야 할지를 고민해야 한다. 특히 국민과 함께 하는 대통령의 대통합 리더십을 무엇보다도 제일 기대하고 있음을 대통령이나 정치권은 알아야 한다.

이제 국민은 대통령에게 남은 임기 동안 개혁에 대한 의지와 정책을 어떻게 마련해 나갈지가 제일 궁금할 것이다. 마주 달리는 기차와 같은 노사갈등 문제, 너무나도 혜택이 큰 공무원·사학·군인 연금 제도, 공무원과 공공기관의 부정부패, 법을 거스르는 폭력시위와 질서의식의 실종, 동서간의 갈등, 원만한 상하관계의 수립, 남남 갈등 해소를 통한 국론통합 등 해결해야 할 숙제들이 산적해 있다. 특히 대통령께서 약속하신 공공·노동·금융·교육 등 4대 개혁은 반드시 성공해야 한다. 좌고우면할 시간이 없다. 이제 대통령의 임기가 3년 남았다. 그러나 이번 선거를 통해 얻은 국민들의 여망을 어떻게 같은 눈높이로 맞추느냐 하는 것이 대통령의 최대 과제이다. 내년이면 총선이 있다. 총선을 앞둔 공직자의 해이를 어떻게 창조경제 창출의 한마당으로 끌어들이느냐 하는 것이 대통령의 최대 숙제이다. 그래서 점점 떨어지는 지지율을 다시 끌어올려야 한다.

이를 위해서는 첫째 국민과 자주 소통해야 한다. 국민의 소리나 여론을 멀리해 가지고는 국민의 최고 지도자라 할 수 없다. 기자들과 자주 만나서 정책을 밝히고 잘못된 사항은 즉시 고치겠다는 결의를 행동으로 보여주어서 소통하는 대통령이 되어야 한다. 또한 사회 원로들을 자주 초치하여 그 분들의 폭 넓은 경륜과 지식을 포용하고 경청하는 통 큰 정치를 하여야 한다. 특히 여야 대표들을 자주 만나 대화하고 그들의 협조를 간곡히 구해야 한다. 지금 같은 위기에서는 그런 통합의 리더십을 갖춘 대통령이 절실하다.

둘째는 누구나 지적하는 얘기지만 각종 규제를 대폭 개선하여 외국 기업은 물론 국내기업도 장벽 없는 제도 속에서 창의력을 발휘할 수 있게 기업환경을 개선하라는 것이다. 영국은 각종 규제 완화와 노동 개혁의 성공으로 국민소득 3만불 고지를 넘었다. 아울러 부패재벌이 대한민국 경제를 인질로 삼아서 독야청청하고 대기업에 경제력이 집중되지 않도록 중소기업 육성, 특히 벤처기업 창업을 위한 기업환경 개선에 정책의 최우선 순위를 두어야 한다. 그리고 임금 황제인 기술직의 파업을 막도록 노동시장의 유연성을 길러야 한다. 세계 최악 소리를 듣는 전투적 노조가 존재하는 한 국내 기업은 물론 외국 기업들이 국내에 투자할 리가 없다는 사실을 직시해야 한다.

셋째는 인구 조절 정책을 과감하게 세우라는 것이다. 우리나라의 출산율은 OECD 국가 중 가장 낮은 수준인데 그 이유가 무엇인지 당사자들의 의견을 개진하여 개선책을 내놓아야 한다. 인구가 줄면 노동력이 줄고 노년층만 늘어나 이다음 걷잡을 수 없는 노동력 공백시대에 접어들기 전에 지금부터 적극적으로 대처해야 한다.

마지막으로 미·중·일과 등거리 외교를 잘 활용하여 국가재난 시에 대처해야 할 최대공약수를 찾아내라는 것이다. 물론 북한과의 관계도 잘 개선하여 국익을 살리면서 말이다. 박대통령이 아니면 이 어려운 시기에 온몸을 던져 개혁할 사람이 없다. 그래서 통치권자의 자리는 늘 외로운 것이다. 남은 3년 동안 그 기본 틀만이라도 잡아 놓아야 한다.

오늘 선거에서 여당이 압승한 것은 하느님이 우리나라를 돕겠다는 신의 은총이다. 기회는 언제나 오는 것이 아니다. 그래서 매사에는 다 때가 있다는 말이 있다. 대통령의 마음은 이미 개혁을 위한 루비콘 강을 건넜다. 주사위도 던져졌고 배수의 진도 쳤다. 국민을 향한 비장한 출사표도 던진 지 오래다. 이제 앞으로 전진해 나가는 일만 남았다. 개혁의 기틀을 다지고 박수를 받으며 명예롭게 임기를 마치는 대통령을 우리나라에서도 보고 싶다.

(2015.4. 29)

*출사표(出師表) : 출사표는 원래 신하가 적을 정벌하러 떠나기 전에 황제나 왕에게 올리던 표문(表文)이다. 그러나 이 중에서도 중국 삼국시대의 촉한 승상 제갈량(諸葛亮)의 것이 가장 유명하다. 제갈량의 출사표로는 「전 출사표」와 「후 출사표」, 두 가지로 나뉘어 있는데 이 글을 읽고 울지 않았다는 이가 없다 할 정도로 빼어난 문장과 나라에 대한 애국심, 그리고 그 당시의 죽은 선제 소열제 유비에 대한 충성심이 담겨 있는 글로 오늘날까지 크게 칭송받고 있다.(위키백과사전에서 인용)

동작 그만!

법을 공부하지 않은 사람도 '법' 하면 대충 그 뜻을 이해한다. 공동체 생활을 영위해 가면서 사람들은 질서가 필요함을 깨달았고 그 질서를 유지하기 위하여 강제하는 것이 법이라는 건 어렴풋이나마 다 알고 있다. 나쁜 짓을 하면 벌을 받고, 옳고 그름의 시비를 가려주는 것도 법이란 걸 안다. 그래서 시시비비를 가리다가 결론이 나오지 않으면 '법대로 해보자'라고 하는 말이 자연적으로 나온다.

법(法)이라는 글자는 그 뜻이 물(水)과 해태지(해태치)가 간다(去)는 뜻이라고 한다. 해태는 동양에서 정의의 상징이어서 고궁이나 궁궐 내에서 흔히 볼 수 있는 석상이다. 쉽게 말하면 법이란 물이 흐르듯 공평하게 정의가 실현되는 것을 뜻한다. 그러나 현대에 와서는 상호간의 의견을 치우침 없이 공평하게 다룬다는 의미로 저울을 상징으로 삼고 있는바 우리가 법원에 가면 쉽게 그 그림을 볼 수 있다. 질서는 일정한 범위 안에서 일의 원인과 결과를 지배하는 근본 원리, 사물들의 규칙적인 배치나 배열 또는 그 원칙, 그리고 하나의 사회에서 지켜야 할 도리로 간주되는 차례나 절차를 말한다. 즉 질서는 남에게 피해를 끼치지 않는 행위로 한 사회나 단체의 혼란을 방지하는 자발적 또는 강제적 행위라고 볼 수 있다. 질서는 사람들이 지켜야 할 아름다운 약속이다. 그래서 질서는 위계질서를 뜻하기도 하고 혼란을 방지하기 위한 사회적 합의라고 보면 될 듯싶다. 질서를 지키지 않는 행위를 '개판'이라고 흔히 말하며 가장 쉽게 볼 수 있는 장면이 정치권과 시민단체의 불법시위, 교통수단이 되는 버스, 자동차 등 무질서의 예에서 볼 수 있을 것이다.

한 나라가 선진국, 후진국의 척도가 되는 것은 바로 법과 질서를 제대로 지키느냐 여부에서 따라서 결정된다. 그렇기 때문에 국민소득의 높고 낮음으로 결정되는 것이 아니라 국민들의 의식수준 척도에 따라서 구분하면 틀림없을 것이라고 본다. 서유럽이나 미국, 일본 등 선진국은 국민소득도 높으면서 법과 질서가 사회를 지배해 나가고 있기 때문에 선진국이라 불리는 것이다. 그러나 우리나라가 국민소득 3만불 시대를 눈앞에 두고 있지만 국민 의식 수준을 잣대로 하면 선진국이라는 소리를 듣기에는 아직 먼 것 같다. 우리는 얼마 전까지만 해도 국회에서 도끼와 톱으로 문고리를 자르고 신성한 국회의사당 내에서 최루탄이 터지는 한심스러운 작태를 보아 왔다. 그래서 국회의 질서를 지키기 위하여 여야가 만들어낸 것이 '국회선진화 법' 이다. 그 내용은 다수당의 일방적인 국회 운영과 국회 폭력을 방지하기 위하여 법안을 논의할 때는 재적의원의 3/5이상의 의원이 찬성하지 않으면 그 법안을 통과할 수 없도록 만든 법으로 2012년 5월 2일 여야 합의로 통과됐다. 그러나 선의로 통과된 이 법이 매사 정부에서 제출된 법안을 합법적으로 제지하는 수단이 됨으로써 야당의 협조 없이는 아무 일도 할 수 없는, 정부의 정책 수행에 '발목을 잡는 법' 으로 변질되어 행정부에서 넘어온 법안이 상임위를 통과하였음에도 불구하고 본회의에서 통과되지 않는 악법이 되고 말았다.

결국 이번 메르스 사태는 정부 · 지자체 · 국민 모두가 법을 지켜 조기 대처에 나섰어야 함에도 불구하고 이를 지키지 못한 책임에서 아무도 자유로울 수 없다. 그것은 법과 질서를 지켜야 할 정부와 지자체 그리고 국민 모두가 선진 시민의식을 갖지 못하고 책임 떠넘기기에 급급했기 때문이다. 이 점은 앞으로 함께 개선하여 나아가야 할 큰 숙제로 남게 되었다. 또 한편으로는 국회가 아무리 좋은 법을 만들어도 정부가 하는 일에 법을 개정하여 사사건건 발목을 잡고 도와주지 않는다면 그러한 행위는 삼권분립정신에 위배되는 위헌 가능성으로 비화될 수도 있다. 바로 얼마 전 정부 시행령과 시행규칙 개정을 여야가 합의하여 통과시켜 놓고 대통령이 거부권을 행사할 것으로 보이고 또 위헌 가능성이 제기되자 통과된 법을 자구 수정하여 정부로 이송한다는, 자다가 봉창 두드리는 중재안을 국회의장이 내놓았다고 하니 이 나라의 국회의원들이 도대체 공부를 하고 있는지 놀고 있는지 한심스럽다.

내년 총선을 앞두고 벌써 콩밭에만 마음들이 앞서 가 있는 정치권을 보면서, 그리고 국민만을 바라보겠다고 대찬 마음을 먹고 출발한 새정치연합의 혁신위가 첫날부터 친노 · 비노로 갈라져 난타전을 벌이고 있다는 기사를 보면서 올 가을은 총선 전초전을 앞두고 '잔인한 가을'이 되지 않을까 국민들의 흥미를 돋우고 있다. 이유야 여하간에 국민들은 내년의 총선을 앞두고 여야가 벌이고 있는 밥그릇 싸움에 강력한 여론을 모아서 낡고 썩은 정치인들의 출마를 사전에 퇴출시켜 젊고 참신한 피가 수혈될 수 있도록 압력을 가하는 한편 선거에서 진정한 국민의 머슴이 될 수 있는 정치인을 올바로 선택함은 물론 정권 바뀌기만 기다리고 있는 공무원들에 대해서도 따끔한 채찍을 가해야 할 것이다. 이제는 정치인들이 국민의 힘을 올바르게 평가하여 국민을 위하고 국민의 힘이 무섭다는 것을 똑바로 인식할 수 있도록 강력한 경고음을 보내야 한다. 법의 정신에 어긋나는 행동을 하는 주체에 대해서는 국민을 위한, 국민에 의한, 국민의 정부와 입법부와 공직사회가 될 수 있도록 국민의 힘으로 국가를 개조해야 한다. 부정부패와의 전쟁을 선포만 할 것이 아니라 강력한 드라이브가 될 수 있도록 정부와 국민이 힘을 합해야 한다. 법과 질서가 올바르게 서는 국가를 건설하여 후손에게 건강한 국가를 물려줘야 할 의무가 우리에게 있기 때문이다.

상선약수(上善若水)란 말이 있다. 가장 아름다운 인생은 물처럼 사는 것(若水)이라는 뜻이다. 흐르는 물처럼 남과 다투거나 경쟁하지 않는 부쟁(不爭)의 삶을 살고 만물을 길러주지만 공을 과시하지 않는 상선약수(上善若

水)의 심정으로 국민 모두가, 사회가, 정치인이, 법관들이 그리고 공무원들이 법과 질서를 지켜 3만불 국민소득에 걸맞는 선진국으로 발돋움하기를 기대해 본다. 대통령 병에 걸린 대권 주자들, 마음은 벌써 콩밭에 가 있는 국회의원들, 국가비상사태에도 불구하고 싸움질만 하는 여야 정치권, 여론을 선동하는 미디어들, '국가가 뚫렸다' 고 변명에 바쁜 국내 최고의 삼성병원 의료진들, 서로 책임을 떠넘기는 공직자와 시립병원과 보건소 직원들, 메르스 위기를 극복하는 데 총력을 기울일 수 있도록 이제 그 자리에서 모두 동작 그만!

(2015. 6. 12)

메르켈 독일 총리의 민낯

5월 2일자 조선일보 1면에 실린 '독일 수퍼마켓에서 만난 철의 여인'을 읽으면서 제일 먼저 놀란 것은 어떻게 근접 경호도 없이 일국의 최고 통치권자인 총리가 혼자서 동네 수퍼마켓에서 시장을 볼 수 있단 말인가 하는 의구심부터 앞섰다. 그러나 기사 내용을 천천히 읽어 보면서 총리의 서민적인 모습에 놀라는 한편 시민들의 의식수준이 총리로 하여금 혼자서 장을 보게 하는구나 하는 생각으로 선진국 독일의 시민의식에 감탄의 마음을 금할 수 없었다.

독일의 철의 여인 앙겔라 메르켈 총리(61)의 시장보기 이야기이다.

'낮에는 난민 위해 회견하고 밤엔 한 남자 위해 장을 봤다'라는 헤드라인이 붙은 기사에는 메르켈 총리가 동네 수퍼마켓에서 여느 보통사람과 같이 식품을 고르는 사진이 실려 있었고 그 옆에는 경호원도 없이 홀로 즐겁게 장을 보는 그 모습이 흡사 우리네 어머니 모습과 조금도 다를 게 없어 인간 메르켈 총리의 서민적인 모습을 직접 보는 거 같아 부러운 마음을 달랠 길 없었다.

메르켈 총리가 22년간 이용하는 이 수퍼마켓에서 그녀는 남들과 똑같이 오렌지, 샐러드용 채소, 가지, 양배추 등 신선식품과 로션, 주방용 타올, 크림치즈, 레드와인, 초콜렛, 밀가루, 토마토 소스 등을 구입했다. 구입할 물품을 직접 적어 가지고 온 쇼핑 내역을 보며 똑같이 줄을 서서 카드로 결제하고 장보기를 마치는 메르켈 총리의 모습은 흡사 동네에서 흔히 보는 아줌마 모습 그대로였다고 한다. 퇴근길에 수퍼마켓에 들른 메르켈 총리는 근무 때 입었던 정장 차림이었을 뿐 상품을 고르고 세심하게 살펴보며 쇼핑하는 장면은 여느 보통 사람과 다를 바가 없다고 했다.

특히 여기서 주목할 점은 메르켈 총리의 사생활 보호를 위하여 단 두 명의 경호원이 10m쯤 떨어져서 경호를 하고 있다는 점이다. 총리의 사생활까지 경호할 필요가 없다고 생각하고 조금 떨어진 곳에서 동선을 살펴본다는 기사를 읽으면서 우리나라 정치인들의 모습과 비교하기가 부끄럽다는 생각이 들었다. 만약 우리나라의 대통령이 동네 수퍼마켓에서 장을 본다면 그 앞길은 몇 시간 전부터 무전기를 든 경호원들이 빽빽이 늘어서 있고 수퍼마켓 안은 철통같은 보안이 물샐 틈 없이 이루어질 것이고 미리 신변조사를 받은 사람만 장을 보도록 허용될 것이다. 각종 신문사 카메라 기자와 텔레비전 기사들이 헤드라이트를 켜고 플래시를 터뜨리느라고 분주할 것이고 기자들은 일거수일투족을 취재하느라 수퍼마켓이 아수라장이 될 것이다.

거기에서 대통령의 사생활이 보호 받을 수 없음은 물론 주민이나 점원들과 터놓고 소통할 기회마저 가질 수 없다. 여론의 창구를 여는 게 아니라 아예 닫아버리는 것이다. 물론 남북이 분단된 현실에서 테러나 암살 등의 위험이 따를 개연성을 부정할 수 없다. 당 대표나 외국대사가 커터로 테러를 당하고 친북 좌파 성향의 단체가 독버섯처럼 자리잡고 있는 현실을 감안하면 애초부터 대통령의 사생활이라는 것은 있을 수가 없다. 우리는 선거 때만 되면 사람들이 많이 다니는 시장통을 찾아 상인들과 악수하고 사과 몇 개, 오징어 몇 마리 사는 대통령 후보나 정치인들의 '연출된 이벤트'를 신물이 나도록 구경해 왔다.

우리는 메르켈 총리의 서민적인 모습이 스스로 연출한 것이 아니라는 점을 잘 알고 있다. 그냥 늘상 하는 생활의 일부분일 뿐이다, 사랑스러운 아내는 물론 알뜰한 주부로서의 서민적인 삶을 적나라하게 보여주는 국민 엄마인 것이다. 그러한 힘과 수준 높은 국민의 의식 수준이 메르켈 총리를

3선 총리로 만들었고 10년 넘게 독일 최고의 권력자로 자리를 지키고 있는 것이 아니가싶어 한 번도 존경스러운 대통령을 보아오지 못한 우리나라의 정치현실이 창피하고 부끄럽다. 남편 요하임 자우어 훔볼트 대 교수와 단둘이 살면서 손수 보아온 찬거리로 "남편 아침만큼은 내 손으로 차려 주고 싶다"는 자상하고 헌신적이며 인간적인 메르켈 총리의 말이 오래도록 여운으로 남는다.

메르켈 총리는 검소하기로도 유명하다. 집권 18년의 시간차가 있기는 하지만 입는 옷의 스타일은 같은 스타일의 옷을 색상만 다르게 해서 입는다. 수수한 동네 아줌마 같은 인상을 남겨 국민과 체취를 같이한다. 영국의 3대 일간지 중의 하나인 《가디언》지는 그의 옷을 채도별로 구분하여 '비극의 광경 '이라 표현하기도 했다. 18년 동안 같은 옷을 입고 있는 메르켈 총리보고 ' 패션에 무감각한 여성' 이라고 평하기도 했지만 다른 언론들은 자신에게 충실한 메르켈은 '알뜰하고 검소하여 아름답다' 는 찬사를 보내고 있다.

보도를 조사해 보면 우리나라의 박근혜 대통령은 2014년 1년간의 공식의상만 122벌이라고 한다. 아닌 게 아니라 공식석상에 나타나는 박대통령은 매번 옷이 다르다. 집사람은 "박대통령은 웬 옷이 그리 많지? 한 번도 같은 옷을 입고 나오는 것을 본 적이 없으니" 하고 불평이 많다. 박대통령의 패션을 두고 "자신만의 스타일을 일관되게 고수 한다"라고 칭찬을 하는 사람도 있다.

옷 하면 문득 떠오르는 사람이 독재자로 권좌에서 쫓겨난 필리핀의 마르코스 대통령의 부인 이멜다 여사다. 당시 우리나라에도 자세히 보도되어 뭇 사람의 인구에 회자된 그녀의 사치는 과연 한 나라의 지도자 영부인으로 적절한지 혀를 내두른 사람이 많았다. 아니 세계의 조롱거리로 추락한 여인이다. 여기서 그 당시의 기사를 들추어 보면 말라카냥궁에서 나온 구두 3,000켤레. 수백 벌의 의상, 최고급 파티용 장갑 68켤레, 가운

2,000벌, 가발 30개, 수백 개의 보석상자와 함께 그녀의 집에서도 금 28kg, 신발 750켤레, 손목시계 91개, 인도 전통의복인 사리가 10,000벌이 나왔다고 한다. 사치의 극치를 보여준 독재자 부인의 모습에 혀를 내두르지 않을 수 없다. 여성에게 옷·구두·시계·핸드백·머리 스타일은 자기를 과시하는 미모와 패션의 하나로 자리잡고 있다.

이에 비해 부자나라인 독일 여성대통령은 얼마나 순수하고 검소하고 자유분방한가? 우리는 국제사회에서 바른 말을 하는 메르켈 총리를 자주 보아 왔다. 메르켈 총리는 아우슈비츠 유대인 수용소를 찾아 무릎을 꿇고 과거에 저지른 만행에 대해서 진심으로 사과를 하기도 했다. 소련에 가서도 1차대전 때 지은 죄에 대하여 용서를 빌었다. 이에 앞서 1970년 12월 7일 독일이 통일 되기 전 서독의 빌리 브란트 수상은 폴란드인들의 반대를 무릅쓰고 유대인 학살의 상징지인 '게토 기념비' 앞에 무릎을 꿇고 두 손을 모아 기도하면서 쌀쌀한 날씨에 부슬부슬 내리는 초겨울 비를 맞고 있었다. 아베 일본 수상도 홀로코스트 추모관 앞에서 헌화하였다. 한국과 중국에 대해서는 침략과 위안부 강제 동원에 대해 한 번도 사과하지 않은 철면피한 아베 수상이 홀로코스트에 가서 무릎을 꿇고 헌화하는 모습은 우리에겐 연극 같은 쇼로 보였다.

메르켈 총리는 3월 9일 일본을 방문해 나치 독일이 국제적인 용서를 받고 다시 국제무대에 서게 된 것이 "독일은 역사를 똑바로 봤기 때문"이라고 강조하면서 "일본이 진정한 반성을 하지 않아 침략을 당했던 한국과 중국 등 주변 국가들과 갈등 관계를 유지하고 있다"고 일본의 이중성과 과거로의 회귀를 우회적으로 비난했다. 또 3월 8일 중국의 칭화대학 연설에서 "중국에서도 자유로운 대화가 중요하다"고 중국의 아킬레스건인 인권문제를 언급하기도 했다. 모두가 세계 2대 강국인 중국의 눈치를 보고 있을 때 메르켈 총리는 하고 싶은 말은 하는 뚝심의 여성총리상을 보여주었다. 유럽연합의 대부분 의사 결정을 메르켈 총리가 하고 있어 유럽의 심장은 EU

본부가 있는 브뤼셀이 아니라 베를린이라고 유럽국가들은 말하고 있다.

3선의 여성 총리, 동독이 키워낸 과학자 출신의 총리, 전 정권의 정책을 그대로 이어나가 일관성을 갖춘 정책 수행, 후쿠시마 원전 사고를 목격하고 원자력 정책을 과감히 포기한 결단의 총리, 25.7%가 선택했던 제1야당의 공약을 자신의 정책으로 수용한 화합형의 총리, 번번이 사과하고 자기 주장을 굽히고 양보해도 승리하는 메르켈 총리, 그래서 3번의 총선에서 승리한 여장부 메르켈을 보면서 우리나라에는 왜 저런 정치지도자가 한 번도 없었는가에 자괴감마저 든다. 식료품점 딸(영국의 대처 수상)과 목사의 딸(메르켈)로 태어난 유럽의 두 여성지도자는 유럽을 움직인 뚝심의 지도자로 평가받고 있다. 그러나 통치 방식은 확연히 다르다. 대처 수상은 강경 보수노선을 유지해 왔지만 메르켈 총리는 이웃집 '아줌마 같은 보수주의자' 였다. 그리고 한편으로는 관용과 포용을, 다른 한편으로는 원칙과 정의를 실천해와 60% 이상 국민의 지지를 얻고 있는 메르켈 같은 정치지도자가 우리나라에는 왜 없는지 스스로 부끄럽다는 생각이 앞서는 것은 나만의 생각일까?

(2015. 5. 13)

스미마셍과 메이와쿠와 야누스

일본 사람들이 친절하고 특히 여자들이 나긋나긋하다는 것은 잘 알려진 사실이다. 일본인은 도가 지나칠 정도로 친절하여 '손님이 왕이다' 라는 말이 실감나는 국가이다. 레스토랑이나 커피숍에 가면 손님이 부르기 좋게 언제나 손님을 둘러보고 있어 마치 무슨 일이라도 나면 곧장 뛰어올 사람처럼 항시 준비된 자세로 서 있다. 이렇게 일본사람들이 친절한 이유에 대해서는 여러 가지 말이 있는데 가장 믿을 만한 것이 상업이 발달했던 옛날에 주 고객이 신분이 높은 사람들이어서 만약에 손님들에게 잘못 보이면 목숨까지 위태로웠기 때문이라고 한다. 예부터 일본의 신분계급은 사·농·공·상으로 나뉘어 무사가 제일 높고 장사를 하는 상인이 제일 천대를 받았다. 친절하지 않고는 무사들이 무서워 장사를 할 수 없음은 물론 잘못하다가는 목숨을 부지할 수 없었다. 그래서 일본 사람들은 전통적으로 친절이 습관처럼 굳어 버렸다는 것이다.

'스미마셍' 은 일본말로 미안하다는 뜻이다. 그래서 늘 스미마셍을 입에 달고 다닌다. 일본에서는 기차나 버스에서 사람의 발을 밟으면 밟은 사람이 스미마셍이라고 하는 것이 아니라 오히려 밟힌 사람이 스미마셍이라고 한다. 어깨가 부딪쳐도 화를 내기보다 친절하게 스미마셍이라고 말한다. 한국사람 같으면 발이 밟히면 "눈 좀 똑바로 뜨고 다녀요" 하고 화부터 내는데 일본 사람은 정반대다. 화나 창피를 당한 사람이 미안하다고 하니 처음에는 어리둥절할 수밖에 없다.

일본에 몇 번 가봤지만 어느 곳에 가도 여자들의 친절은 도가 지나칠 정도다. 오죽하면 일본에 갈 때 다음 몇 마디 말만 할 줄 알면 소통에 문제가 없다는 농담이 있다. 즉 스미마셍(sorry), 아리카도(thank you), 도조(please) 이 세 단어만 알면 일본에서 안 통하는 게 없다는 것이다. 이렇게 친절하게 된 가장 큰 이유가 일본에서는 먼저 남을 배려하는 문화가 일찍부터 정착하였기 때문이라고 한다, 그래서 남에게 폐(메이와쿠)를 끼치는 것을 질색으로 아는 사고방식이 하나의 문화로 정착한 것이다.

일본에서 초등학교에 들어가서 제일 먼저 배우는 것이 메이와쿠(폐) 끼치지 말라는 것이라고 한다. 그래서 어릴 때부터 기차나 음식점 등 공공장소에서 뛰어놀며 떠들어대는 일이 없다. 밤 12시가 넘어 샤워를 하거나 세탁기를 돌리는 것이 금기시되고 있고 위층에서 아래층 사람이 방해가 되도록 하는 소란한 행동은 아예 처음부터 있을 수 없는 생활문화로 정착되어 왔다.

일본에 2011년 3 · 11지진 때 구호품을 타기 위하여 수백 미터를 질서 정연한 모습으로 서 있는 사람들을 보며 세계가 놀랐다고 한다. 당시 어느 호텔에서는 굶주린 사람들이 50여 명 찾아들었는데 가지고 있는 구호품은 10개였다고 한다. 그러나 누구 하나도 먼저 나서서 새치기하는 사람도 없었고 약속한 듯이 어린이와 노약자 그리고 여자들에게 먼저 구호품울 지급했다고 한다. 또 지진 현장에서나 어떤 사고가 났을 때도 가족이 울고불고 야단하는 것이 아니라 '여러분께 폐를 끼쳐 죄송하다' 라는 말을 먼저 한다고 한다. 이번에 IS에 인질로 잡혔다 참수를 당한 유카와의 아버지는 국민들에게 "폐를 끼쳐 죄송하다"면서 한편으로는 "정부 노고에 감사한다"는 말도 잊지 않았다는 글을 읽은 기억이 난다. 일본인들이 얼마나 남에게 '폐' 를 끼치기 싫어하는지를 단적으로 설명하는 장면이다. 이와 같이 스미마셍과 메이와쿠문화가 정착하기까지는 일본인들의 질서의식이 오래 전부터 하나의 사회적 문화와 전통으로 자리 잡았기 때문이라는 것이 정설이다.

이처럼 일본 정신의 근간이 되는 메이와쿠 문화는 쇼토쿠태자(聖德太子; 574년~622년)가 정권을 잡은 대화(大和, 야마토정권: 일본 최초의 통일정권으로 고구려·백제·신라 및 중국 수나라의 문물을 받아들여 나라의 기틀을 잡았다. 특히 백제로부터 불교를 전파받아 저 유명한 아스카문화를 발전시켰다) 593년부터 그 기원을 찾아볼 수 있으니 대략 1,420여 년 전으로 거슬러 올라가게 된다. 쇼토쿠 태자는 숙모이자 33대 천황인 스이코 천황을 대신해 섭정을 시작한 이래 유교와 불교를 진흥시켜 유교적 덕목과 중국의 관료제를 일본의 이상으로 접목시킨 정치개혁자이다. 즉 고분시대를 이끌던 야마토 정권의 호족 중심 체제를 호족들이 날뛰면 나라가 잘 될 수 없다는 신념으로 와(和), 즉 화합을 제일의 가치로 삼고, 603년 백제의 관위제를 본뜬 관위 12계를 만들고 604년 관리의 태도와 윤리 등을 명문화한 헌법 17조 반포 등 관료제의 기초를 세워 중앙 집권 체제를 확립한 일본의 몇 안 되는 유명한 정치가 중 한 사람이다. 바로 '남에게 폐를 끼치지 말자'는 메이와쿠 문화가 일본을 통치하는 철학이자 정신적 지주로 자리를 잡게 된 것은 이처럼 1,420여 년에 거쳐 계승되면서 발전, 정착된 역사를 갖고 있다. 이를 간과하고 일본의 문화나 일본인의 정신을 논해서는 안 된다.

질서 하면 생각나는 게 있다. 20여 년 전 모 방송국에서 〈이경규의 몰래카메라〉라는 프로가 폭발적인 인기를 끈 적이 있다. 이것은 12시가 넘은 시각에 자동차가 질서를 지켜 파란불이 켜질 때 횡단보도 앞에서 신호가 바뀔 때까지 기다리는지, 아니면 주위를 살펴보고 아무도 없으면 법규를 위반하고 그대로 지나가는지를 지켜보아 교통법규를 지키는 운전자에게는 냉장고를 상품으로 지급하는 생방송 프로그램이었다. 그러나 대부분의 운전자는 사람이 안 보이면 신호를 무시하고 그대로 지나갔다. 그러던 어느 날 새벽 1시가 넘은 시점에 달려오던 프라이드 한 대가 빨간불이 켜지자 정지선에 정확히 기다렸다가 파란불이 켜져서야 출발하는 게 발견되었다.

모범운전자가 나타난 것이다. 촬영 팀이 뛰쳐나가 차를 세우고 보니 그 안에는 지체장애자 부부가 앉아 있었다. 나는 그 때 뭉클해져 오는 가슴을 달랠 길 없었다. 결국 교통법규를 지키는 사람은 보통시민이구나 하는 국민적 찬사를 받으면서 한동안 교통질서가 잘 지켜지던 때가 있었다.

우리 부부가 마침 그때쯤 일본 동경대학에서 포스닥 과정을 밟고 있던 아들의 초청을 받고 일본을 방문하였다. 그리고 새벽에 물건을 사가지고 귀가 하는데 건널목에서 전신주에 매달린 스톱버튼을 누르고 파란 불이 켜지며 길을 건너가자, 달려오던 차들이 잘 훈련된 군인들처럼 정지선에서 한 치도 더 나오는 차량이 없이 자리에 서는 모습을 봤다. 횡단보도 앞이 아니라 정지선에서 말이다. 그때 아~ 이래서 일본이 발전하는구나 하는 감탄을 금할 수 없었고 나도 귀국하면 교통법규를 잘 지켜야겠다는 다짐을 하였다. 우리나라 같으면 정지선을 지나 횡단보도 앞에 바짝 서는 경우가 다반사다. 아! 일본이라는 민족이 무서운 국민이라는 생각으로 머리가 가득 차면서 일본이 왜 선진국이며, 경제대국이며 한때는 세상을 호령하였는지를 깨닫게 된 계기가 되었다. 그리고 그런 국민이 부럽고 동경하는 계기가 되면서 한 편으로는 저들을 경계하지 않으면 큰 일이 벌어질 것이라는 무서운 생각이 머리를 스치고 지나갔다.

일본이 어떤 나라인가. 세계 3위의 경제대국이며 문화 선진국이다. 한편으로는 우리나라를 36년간 식민 지배하였으며 청일전쟁과 만주사변 그리고 대동아공영권이라는 미명하에 제2차 세계대전을 일으켜 연합군에 무조건 항복할 때까지 얼마나 많은 사람들을 죽이고 전쟁터로 내몰았는가? 그 처열했던 과거사를 깡그리 뭉개버리고 야스꾸니 신사에 총리를 비롯한 중·참의원 그리고 정부각료들이 과거사를 비웃기라도 하는 듯이 고개를 쳐들고 참배하고 있지 않은가? 최근 독도 영유권을 주장하고 조선의 위안부들한테 사과를 거부하며 혐한시위를 벌이는 등 일본 아베 정권의 과거사 지우기의 극우정책을 보면서 일본 국민이 자랑하는 스미마셍과 메이와쿠라는 두 가지 정신적 지주가 두 얼굴을 가진 야누스로 깊이 각인될 뿐만 아니라 그 아름다운 전통이 앞으로 다시 군국주의의 부활로 부활하지 않겠는가 하는 생각으로, 여우의 탈을 쓴 일본을 더욱 경계해야겠다는 다짐을 해 본다.

일본의 스미마셍과 메이와꾸의 좋은 전통은 본받되 그 안에 숨겨져 있는 비수를 경계하지 않으면 안 되겠다. 일본 정부가 과거 우리나라와 중국에 저지른 만행에 대해 '스미마셍' 하며 사죄하고 '메이와쿠' 하고 사과하지 않는 한 일본은 세계의 침략자라는 지탄을 면치 못할 것이다. 스미마셍이 '야 그래서 어쩔래?' 로, 메이와쿠가 '웃기고 앉았네' 로 변하는 날 그들은 다시 한 번 사무라이의 칼날을 세울 것이 눈에 보듯 뻔하다. 그들을 용서는 하되 잊지는 말자라는 교훈을 실감나게 느끼고 있다. 일본은 역시 야누스의 두 얼굴을 가진 무서운 나라다.

극일(克日)은 할 수 있어도 승일(勝日)은 할 수 없는 것이 아닌가싶어 자꾸 겁이 나는 것이 나만의 생각이었으면 좋겠다.

(2015. 1. 30, 2015. 10. 9 보필)

편견의 계급장을 떼자

통계청이 2013년에 발표한 65세 이상 노인 인구는 대략 700만 명이라 한다. 그러고 보니 70대 노인들은 노인정에 나가기를 꺼린다고 하는데 이유는 나가봐야 차 심부름이나 하기 때문이라고 한다. 노인 축에 들려면 적어도 80세는 넘어야 노인으로 대접해 주고 또 스스로 느끼기에도 80이 안 넘으면 노인이라는 생각이 들지 않는다고 하는 게 정설이다. 우리나라의 평균수명은 81세이며 성별로는 여성이 85세, 남성은 78세라고 한다. 의술과 먹거리가 발달하면서 평균수명은 계속 늘어날 것이며 이로 인하여 노인 복지와 의료보험 재정이 기하급수로 늘어날 전망이다. 우리나라의 100세 이상 노인 인구가 2011년 11월 현재 1,836명이며 실제로 스스로도 90은 넘어서 죽어야 한다는 노인들이 많은 편이다. 아니 이제는 100세 시대가 꿈이 아니라 현실로 다가오고 있어 이에 대비한 정책이 수립되어야 한다고 이구동성으로 말하고 있다.

오늘 신문을 보니 새정치연합 소속 교문위 위원장인 S의원이 17일 국정감사 도중 관광공사 감사인 쟈니 윤(실명 윤종승)씨에게 "그 나이면 판단력이 떨어져 쉬는 게 상식"이라면서 나이를 들어 노인을 폄하했다고 한다. 같은 말이라도 골라 해야 하는 법이다. 듣는 사람이 불쾌하지 않도록 말할 수 있는 방법은 얼마든지 있다. 이 말을 들은 많은 노인들은 노인 폄하 발언이라고 비난하고 있으며 말이 씨가 된다고 앞으로 두고두고 새정치연합을 괴롭힐 것으로 예상된다.

정동영 고문이 2004년 총선을 앞두고 "노인들은 골방에서 쉬고 투표를 안 해도 좋다"고 말하여 대한노인회 회원들의 맹렬한 지탄을 받았으며 지난 대선에서도 '꼰대', '늙은 투표' 등 또 다시 노인 폄하 발언을 하여 구설수에 오른 바 있다. 우리는 이조시대의 영조 임금이 76세, 태조가 72세까지 정사를 돌본 일을 역사에서 배웠다. 『전쟁과 평화』의 톨스토이가 82세로, 『대지』를 쓴 펄벅이 81세까지 작품 활동을 하며 노익장을 과시하였다. 가깝게는 S의원이 존경한다는 김대중 대통령도 79세 혹은 81세(김 대통령은 출생년도가 불분명함)까지 대통령 임무를 충실히 이행하였다.

국정 감사장이면 '낙하산 인사', '보은인사'라는 비난은 할 수 있을망정 "78세면 쉬어야지…"라는 말로 한 인간의 인격을 모독하고 노인세대를 사회활동에서 사라져야 할 부류로 심히 폄하한 행동은 용서할 수 없다. 나도 나이가 만으로 76세다. 그래도 컴퓨터도 하고 시도 쓰고 한다. 노인보고 쉬라는 것은 죽으라는 말로밖에 들리지 않는다. 처칠 수상은 81세에 정계를 은퇴하였다.

사람은 모두 늙게 마련이다. 늙는 것도 서러운데 "집에서 쉬라고?" 정말 노인의 한사람으로서 기가 찰 일이다. S의원은 노인 폄하 발언을 즉시 취소하고 사과해야 한다. 그리고 어느 정당이든 노인을 욕보이는 사람은 선거에서 떨어뜨려야 한다. 700만 명에 달하는 65세 이상 노인들을 욕보이고 선거에서 이길 수는 도저히 없다.

이를 똑똑히 알고 정치인들은 처신하기를 엄중히 경고한다.

(2014. 10.20)

전하 통촉하여 주시옵소서!

사극을 보면 "전하! 통촉하여 주시옵소서" 이런 말을 꼭 듣게 된다. 동촉은 洞燭으로 쓰며 '촛불을 밝히다' 라는 뜻으로 윗사람이 아랫사람의 사정이나 형편 등을 깊이 헤아려 살펴 달라는 뜻이다

즉 "전하! 이 어두운 세상과 어두운 저희들을 위해 전하의 헤아림으로 촛불을 밝히어 주시옵소서~"라는 말이다. 어전회의에서 문무백관은 임금의 결정에 대하여 반대 의견을 개진하면서 '전하! 통촉하여 주시옵소서' 를 읍소하고 뜻이 관철될 때까지 부복한 채 몇 번이고 '통촉하여 달라' 고 머리를 조아렸다. 임금의 판단을 바로잡아야 한다는 충성심에서 목숨을 걸고 진언할 때 이 말을 쓰기도 하지만 때로는 정적을 제거하거나 사리사욕을 채우기 위하여 위협수단으로 쓰는 경우도 있었다.

조선 시대 세종대왕이나 정조 같은 임금은 신하의 건의를 잘 받아들이는 소통의 정치를 하여 나라를 부강하게 만들거나 태평성대를 누리게 했지만 세조나 연산군은 불통의 정치를 하여 국민들의 원성을 사고 독재로 국민에게 재갈을 물린 임금으로 기억되고 있다. 신하의 건의를 잘 받아들여 나라를 바르게 통치한 성군이 있는가 하면 자기 주장만을 되풀이하며 강권정치를 한 폭군도 있었다. 지조와 정의를 제일의 가치로 생각했던 선비정신은 사육신을 낳게 했고 불의와 타협하여 반정을 주도한 한명회는 영의정까지 오른 대표적 간신이다.

요즘 '십상시(十常侍)' 라는 말이 유행어처럼 떠돌면서 그들이 국정을 농단하였다 하여 정치권과 국민, 그리고 청와대 모두를 곤혹스럽게 하고 있

다. 십상시란 중국 후한 말 영제(靈帝) 때에 정권을 잡아 조정을 농락한 10명의 중상시, 즉 환관을 말한다. 후한서(後漢書)에는 십상시들이 많은 봉토를 거느리고 그들의 형제는 모두 높은 관직에 올라 그 위세가 대단하였다고 쓰여 있다. 특히 그들의 곁에서 훈육된 영제는 수장인 장양(張讓)을 아버지, 부수장인 조충(趙忠)을 어머니라 부르며 따랐다고 기록되어 있다.

우리나라에서도 환관 즉 내시가 있었고 그 기원은 신라시대부터 시작되어 약 1,000년을 이어져 왔으며 권력을 악용한 내시의 대표자로는 연산군 시대의 김자원이라는 자가 있고 충직한 내시의 대명사로 불리는 김처선은 세조부터 연산군까지 일곱 임금을 시종했다. 김처선은 폭군 연산군에게 음란을 직간을 하다가 직접 다리와 혀를 잘리고 죽임을 당했다.

권력을 잡으면 그 주위에는 늘 무슨 무슨 회니, 문고리니 하는 사조직이 생기고 이들이 국정을 좌지우지하는 세력으로 발호하고 있다. 박근혜 대통령은 국민의 기대와는 달리 집권 2년차를 마칠 때까지 외교는 잘했지만 내치에서는 별반 큰 업적을 남긴 것이 없다. 창조경제와 부정부패 일소를 집권의 아이콘으로 내세우고 국정을 운영한 지난 2년 동안 국민들이 피부로 느끼는 획기적인 성과를 보인 것은 없고 수첩공주니 불통의 대통령으로 비춰져 몇 번의 총리와 장관 인선에서 청문회를 통해 후보자가 낙마함으로써 정치적으로도 많은 상처를 자초했다.

이러한 깜짝 인사로 국민들에게 대통령의 주변에 비선이 있는 것이 아니냐는 의문을 증폭시켰다. 이번 십상시 문건 유출로 빚어진 국정개입 농단을 보는 국민들의 시선에 "정말 그런 것이 아닌가" 하고 반신하는 국민들이 많다. 물론 최종적으로는 검찰의 수사로 정확한 결과가 밝혀지겠지만 이런 구설수에 오른 것만으로도 정치적으로 큰 손상을 입고 말았다.

역대 정권에서도 소위 비선이라는 것이 존재했다. 이명박 정부에서는 '만사형통', 노무현 정부에서는 '봉하대군', 김대중 정부에서는 '홍삼 트리오', 김영삼 정부에서는 '소통령' 등이 있었고 어김없이 이번에도 비선

의혹이 제기된 것이다. 박근혜 정부 들어서도 '십상시' 라는 비선이 의혹의 대상으로 떠오르고 있다. 이런 국민적 불신을 해소하기 위해서는 십상시가 소설이었다는 것을 검찰이 한 점 의심 없이 밝혀내어 다시는 이런 의혹이 발생하지 않도록 함으로써 박대통령 주변의 비선 의심을 해소하고 남은 3년의 임기 동안 박대통령이 경제 살리기와 부정부패의 일소, 사회 기강과 공권력의 확립, 통일비전 제시, 빈부격차의 해소를 통해 국민의 행복이 보장되는 선진국으로의 진입에 모든 노력을 올인하여야 할 것이다. 이를 위해서는 더 낮은 자세로 소통의 정치를 하여 여야와의 대화, 언론과의 보다 적극적인 토론 등을 통해 국민의 진정한 바람이 무엇인지를 경청하는 의견 수렴이 요구된다.

사실 지난 2년 동안에는 초기에 야당의 선거 결과 불복, 국정원 선거 개입, 세월호 사건 등으로 좋은 정책을 수립하고 수행할 기회도 없이 갖가지 사건 수습에만 매달려 일할 기회가 없었던 것도 사실이다. 박대통령 말대로 홀로인 자기에게 겁낼 일이 없기에 오직 국민만을 보고 가겠다는 의지를 남은 3년의 임기에 반드시 시현하여 선거 때 표를 찍어준 국민들의 기대를 절대 저버려서는 안 될 것이다.

전하! 소통의 정치를 하십시오. 고집을 내려 놓으십시오, 자기 의견만이 최고라는 일방적 잣대를 버리십시오. 언론과의 대화를 자주 하십시오. 여야와 머리를 맞대십시오. 국민들의 삶의 현장을 자주 찾아 민심의 흐름을 읽어 소통 정치를 베풀어 주십시오. 불법 집회와 노사 갈등을 해소하고 각종 규제를 과감하게 철폐하여 경제발전에 올인하십시오. 공권력을 회복하여 질서를 바로잡아 더 이상 사회가 혼란을 겪지 않도록 해 주십시오. 불그스레한 집단을 과감히 척결해 주십시오. 전하! 3년이면 대통령께서 일할 시간은 충분합니다. 제발 국민을 실망시키는 일이 없도록 남은 임기를 기억되는 대통령으로 마치십시오. 부디 후대에 성군으로 기억되게 하옵소서. 제발 통촉하여 주시옵소서 전하! (2014. 12. 10)

제2부
느블리스 오블리주

노블리스 오블리주

어제 우리나라의 건설업계를 이끌어 가는 대림산업의 이준용 명예회장이 2,000억 원이라는 전 재산을 통일나눔재단에 기부하는 통 큰 결심을 보여주어 재계는 물론 온 국민들에게 신선한 충격을 주었다. 우선 더 큰 재벌들도 생각하지 못한 거액을 쾌척한 이 회장에게 온 국민과 함께 뜨거운 갈채를 보낸다. 모처럼 듣는 기분 좋은 소식에 몸에서 엔돌핀이 돋는 듯한 시원한 기분이다. 부자가 존경받고 열심히 일하는 사람이 대접받는 정의로운 사회가 하루 빨리 정착됐으면 하는 바람이 불끈 솟는다. 늘 어제만 같은 뉴스가 언론에 자주 소개된다면 국민들의 마음이 얼마나 상쾌할까?

그동안 재벌들의 전횡과 탈세 등으로 국민의 신뢰를 져버렸던 대 기업이 선뜻 거액을 사회에 환원했다는 점에서 우리나라에서도 기부 문화의 새 장을 열어가는 것이 아니냐는 기대와 공감을 불러일으켰다. 우리나라의 기업풍토에서 재산은 자식에게 물려주는 것이라는 통상적인 정서를 뛰어넘은 이 빅뉴스는 재벌기업에 쏟아지던 비난과 의혹을 함초롬히 씻어 내린 쾌거다. 여기에 아들 이해욱 부회장도 아버지 뜻에 흔쾌히 따르겠다는 승복을 보여 보는 사람들의 마음을 흐뭇하게 하고 있다. 부전자전이다.

더욱이 한진그룹의 '땅콩 회항 사건'과 롯데그룹의 '형제의 난' 파동으로 재벌에 쏟아지는 비난이 고조되던 시점에서 이 같은 거액 기부를 밝힌 것은 하나의 정치 · 경제적 큰 사건이다. 뿐만 아니라 작금 정치권에서 불거지고 있는 국회의원의 인사 청탁과 금전비리 등으로 정 · 관계의 위신이 땅에 떨어진 시점에서 일어난 일이라 그 진가가 더욱 빛나고 있다. 물론 그동안에도 재벌들이 거액을 기부한 경우가 없었던 것은 아니지만 대부분 차명계좌나 탈세 등으로 궁지에 몰린 재벌들이 여론호도의 방편으로 사용하였다.

서양에서는 진즉부터 돈 많은 부호들이 그동안 번 돈을 사회 환원이라는 명목으로 내놓는 기부문화에 동참해 왔다. 노블리스 오블리주를 실천하기 위하여 오래 전부터 기부문화가 정착돼 왔음을 우리는 익히 잘 알고 있다. 스웨덴의 노벨재단이나 미국의 록펠러·카네기재단 등이 모두 부호들의 기부에 의하여 설립되었다. 워런 버핏이 재산의 절반을 기부하기로 약속한 것을 계기로 촉발된 40명의 기부 약속 금액은 무려 1,200억 달러, 우리 돈으로 약 140조 원에 이르고 있다. 사우디의 빈 탈랄 왕자는 320억 달러에 달하는 전 재산을 기부하겠다고 하여 세계적인 화제가 되기도 했다. 동양에서는 중국의 마윈 알리바바 회장이 지난해 169억 위안, 약 3조 원을 기부하여 2014년도에 중국 100대 기부자 명단 1위에 올랐다. 미국의 워런 버핏은 "죽은 후에도 부자인 것처럼 부끄러운 것은 없다"면서 재산의 대부분을 살아 있을 때 기부하기로 한 것이다. 언론재벌이자 뉴욕시장인 블룸버그는 "당신의 자식들이나 후손들이 잘 살아가는 모습을 보려거든 세상을 좋은 곳으로 변화시키는 기부문화에 동참하라"고 호소하고 있다.

물론 동서양 간에는 가치 척도에 차이가 있다. 동양의 정신적 배경은 유교로서 청빈(清貧)을 강조하지만 서양은 개신교 캘비니즘의 청부(清富)에 뿌리를 두고 있다.

우리나라 대부분의 재벌들은 그동안 경제개발이라는 정부 보호막 하에 각종 특혜나 탈세·불법 등으로 부를 축적해 왔다. 그래서 웬만한 부정에는 양심의 가책을 전혀 느끼지 않은 것이 사실이다. 반면 서양은 수백 년을 올바른 자본주의 질서 하에서 부를 축적해왔기 때문에 부정한 방법으로 부를 쌓는 것을 부끄럽게 생각해 왔다. 이러한 경제구조를 감안할 때 앞으로는 이번 대림산업 이준용 회장 같은 거액 기부문화가 우리나라에도 서서히 정착하리라고 생각한다. 부자가 존경받고 정의롭게 번 돈에 대해서는 국민이 동의하는 새로운 '돈의 질서'가 이 기회에 정착됐으면 좋겠다. 가뭄에 콩 나듯 오랜만에 듣는 기쁜 소식에 저절로 엔돌핀이 쏟아져 나오는 것은 나만의 느낌은 아닐 거라고 믿는다.

그동안 재벌은 물론이고 돈 많은 개인들도 부정 상속, 증여나 탈세 등으로 부를 자손에게 물려주는 관행이 습관화돼 왔다. 이러한 기부문화의 확산은 빈부격차를 해소하는 데 기여할 뿐만 아니라 복지향상이라는 측면에서도 많은 도움을 준다. 이 회장의 이번 전 재산 쾌척은 앞으로 올바른 기업문화를 정착시키는 데 기여할 뿐만 아니라 다른 재벌들의 기부문화 확산과 사회통합에 기폭제로 작용할 것임을 확신하는 바이다. 따라서 정부당국은 앞으로 전 국민적으로 기부문화가 그 외연을 확장할 수 있도록 이 회장이 지적한 세제상 애로사항을 하루 바삐 정비하기 바란다. 아울러 이 기부금을 통일나눔재단의 큰 밑거름으로 삼아 앞으로 후손들에게 살기 좋은 통일조국을 만드는 데 국민 모두가 한 줌의 힘이라도 보태줄 것을 호소한다.

(2015. 8. 19)

태극기를 방패로 삼지 마라

오늘 삼복 더위를 무릅쓰고 고등학교 친구들 4명이서 식사를 마친 후 양재천변에 있는 정자에 앉아 담소를 나누고 있었다. 헌데 순간적으로 뭔가 이상한 느낌이 들어 앞을 바라다보니 멀리 새로 짓고 있는 제2 롯데월드 벽면이 커다란 태극기로 덮여 있었다. 석촌 호수로 집사람과 함께 얼마 전에 산보 갔을 때 못 보던 태극기여서 쌍룡아파트에 사는 친구에게 "어, 저 태극기 못 보던 건데" 하고 의문을 표시하니 그 친구 말이 "맞아. 나 여기 자주 나오는데 공사장에 태극기가 걸려 있는 건 처음 보는데…" 하는 게 아닌가.

그때서야 우리들은 '아! 롯데가 일본 기업이라는 국민의 질타를 받자 발빠르게 태극기를 앞세우는 쇼를 하고 있구나' 하고 혀를 찼다. 아니나 다를까 저녁에 TV 뉴스를 보니 태극기로 치장되어 있는 롯데 월드 모습이 그 위용을 자랑하고 있으며 아나운서가 '롯데가 광복 70주년을 기념하기 위하여 1억 원을 들여 설치했다' 고 멘트하고 있다. 우리는 어려서 밀을 입으로 씹어서 만든 껌을 씹던 추억이 있다. 그러다가 미제 껌이 수입되자 미제 껌을 씹다가 일본 롯데가 만든 우리나라 껌을 씹던 생각이 새롭다.

롯데가 '형제의 난' 으로 시끄럽다. 권력은 나눌 수 없다지만 돈도 나눌 수 없는 모양이다. 롯데 가는 기억력이 희미한 아버지까지 앞세우고 형제간 · 부자간에 국민은 안중에 두지 않은 채 재산 따먹기에 이전투구하고 있다. 롯데가 어떤 회사인가! 1965년 한일국교정상화에 편승하여 1967년 엄청난 정부 혜택을 받으며 자본금 3천만 원의 롯데제과로 출발한 한국롯데

그룹은 2013년 기준 외형이 83조 원, 계열사가 80여 개에 종업원 수 18만 명에 이르는 재계 5위의 대재벌이다. 그러나 속내를 자세히 들여다보면 롯데그룹의 모기업인 롯데호텔의 지분 99%를 일본 지주회사인 롯데홀딩스가 소유하고 있는 실질적인 일본 회사다. 조합원 10여 명 내외의 우리사주조합(롯데홀딩스)이 연 매출 83조 원 규모의 롯데를 지배하는 구조다. 상법상 무슨 변명을 하던 일본기업이라는 것을 부정할 방법이 없다. 롯데는 한국이 외자 유치에 목을 맬 때 법까지 바꿔가며 외국인투자촉진법에 의해서 특혜로 한국에 진출하여 각종 세금을 면제 받으며 성장해온 성격상 일본기업이다. 특히 아버지인 신격호 총괄회장은 한국여권과 일본여권을 동시에 가지고 있는 2중 국적자이며 형인 신동주 회장은 한국말을 전혀 못하고 동생인 신동빈 회장도 한국말이 어눌하여, 비록 한국기업이라 하더라도 이번에 기업의 운영 행태가 밝혀지면서 국민정서상 일본 기업으로 인식되고 있는 것이 사실이다.

롯데제과는 일본의 메이지, 글리코 등의 뛰어난 제과 회사들의 상품을 도용해서 한국에서 무단으로 출시, 히트를 쳐 돈을 모았다는 글이 인터넷에 떠돌고 있다. 심한 말로는 '한두일육(韓頭日肉)'이라는 극단적인 말까지 나오고 있는 실정이다. 한국이라는 탈을 쓴 일본기업이라는 뜻이다. 소치 올림픽 때에는 김연아 대신 아사다 마오만을 후원한 기업이다. 제조업체가 아닌 유통 관광 등 서비스업체로 한국의 소비 상권을 장악한 비생산적인 재벌이다. 어려운 중소기업의 아픔을 외면한 '갑' 질 논쟁의 중심에 항시 롯데가 서 있다. 이러한 저간의 사정을 늦게 안 대한민국 국민들이 롯데제품 불매운동까지 벌이고 있는 실정이다.

출자 구조가 난마처럼 얽혀 있어 정부도 국민도 롯데가 어떤 지배구조를 가지고 있는지 헷갈리게 한다. 지금 공정거래위원회에서 자세한 조사를 하고 있기 때문에 앞으로 모든 전모가 밝혀지겠지만 문제는 왜 갑자기 태극기를 다는 등 여태껏 하지 않던 행위를 하여 오비이락 격으로 국민들의 시선을 현혹하느냐 하는 점이다.

국민들이 '롯데가 일본기업이다' 하고 목소리를 높이자 위기의식에 놀라 방어적으로 태극기를 달아 롯데가 한국기업이라고 포장하는 얕은꾀를 쓰고 있는 것이 아니겠는가 하는 의구심을 떨칠 수 없다. 왜 속보이게 지금 와서 태극기인가. 이는 그동안에는 롯데가 일본기업이라는 것을 암묵적으로 인정하고 있었다는 증거가 아니겠는가. 창업자의 부인은 일본여자이자 주식지분을 50% 소유한 공동 소유자이고 아들 둘도 일본 이름을 병행 사용하며 한국 국적을 취득한 지도 그리 오래지 않다. 신동빈 회장의 부인이 일본 여자인가 하면 아들의 부인도 일본여자이다. 일본에서 각종 회의는 물론이고 가족 모임에서도 일본말로 대화한다고 한다. 머리부터 발끝까지 철저하게 일본인이다. 롯데 그룹은 지난 1988년에 부산 롯데호텔 부지를 구입, 외국인투자촉진법상의 특혜를 받아 취득세, 등록세 등 191억 원을 면제받아 논란이 된 바 있고 신동주·신동빈 총수 일가가 일본 국적으로 군대를 면제받아 군필 여부에 민감한 한국 정서에도 자유롭지 못하다. 이런 관점에서 왜 자숙해야 할 사장단들과 노조대표들이 신동빈 사장에게 볼썽사납게 앞다투어 '충성경쟁'을 하고 있는가. 정부와 국민들에게 심리적인 시위를 하는 것은 혹시 아닌지 의심스럽다.

금년은 광복 70년을 맞는 중요한 해다. 아베 일본 수상의 담화문 발표에 한국 식민지배 사과를 포함시키지 않을 것이라는 뉴스에 온 국민의 신경이 곤두서 있다.

따라서 롯데가 환골탈태의 심정으로 자숙하고자 한다면 그동안 특혜를 베풀어 준 대한민국에 감사하는 의미로 주식 일부를 모 신문사에서 벌이고 있는 '통일나눔펀드'에 출자하거나 통일기금으로 내놓을 용의는 없는지 묻고 싶다. 그리고 그동안 베일에 싸였던 지배구조를 솔직하게 밝혀 잘못된 점은 스스로 시정하여 대한민국 기업이라는 것을 행동으로 보여주면 국민들이 용서하고 이해할 것이다. 창피하게 태극기 뒤에 숨어서 '롯데는 한

국기업' 이라는 속 보이는 행위를 하지 말고 좀 더 솔직한 행동으로 정체성을 해명하고 대한민국 기업임을 확실하게 보여주기 바란다. 이 기회에 롯데그룹의 오너가 신씨인지 시게마쓰상인지 그 정체를 분명하게 밝혀 국민적 동의를 얻어야 한다. 그래서 555m의 제2 롯데월드 옥상에 태극기를 떳떳하게 펄럭이게 해야 한다. 그래야 잃어버린 기업 이미지를 회복하고 롯데가 사는 길임을 충고하는 바이다.

(2015. 8. 6)

요람에서 무덤까지

1944년 영국 노동당 정부가 복지국가를 꿈꾸며 내걸었던 '요람에서 무덤까지'라는 슬로건은 우리가 살아가는 데 복지가 얼마나 큰 행복을 가져다주는지를 명쾌하게 대답해 주고 있다. 태어나서부터 죽을 때까지 사회보장제도의 이상을 표현하는 이 구호는 제2차 세계대전이 연합군의 승리로 끝나면서 자본주의 체제가 안고 있는 모순, 즉 빈부의 양극화를 부의 재분배를 통해서 치유하고 수정하여야 한다는 논리로 출발하여 각국이 국민의 복지 향상에 주안점을 두는 기폭제로 작용하였다.

이후 복지라는 개념은 자녀의 출산과 양육 및 교육·의료·주거 등 기초생활 보장과 저소득층의 생활수준 향상, 노인 세대들의 노후생활 보장 등으로 나누어 볼 수 있으며 이것들을 어떻게 정부재정으로 지원할 수 있는지 여부에 따라 권력구조가 부침하는 현상이 세계 도처에서 나타나고 있다. 이에 화답이라도 하듯이 세계 각국은 보편적 복지를 내세우는 포퓰리즘의 남발로 국가재정이 파탄지경에 이르는 예를 우리는 언론을 통해서 심심찮게 보아왔다.

1997년 우리나라의 외환 위기 사태는 말할 것도 없고 가깝게는 그리스의 재정 위기에서부터 멀게는 중남미의 아르헨티나, 페루, 멕시코, 베네수엘라, 칠레, 에콰도르 등이 국가 부도를 냈거나 부도 직전으로 IMF 등에 손을 내밀었고 동유럽에서는 금융 강국이던 아이슬란드를 비롯하여 발틱 3국과 불가리아, 세르비아, 우크라이나, 헝가리 등 옛 사회주의 국가들이 손을 내밀고 있다. 아시아에서는 인도네시아와 베트남 등이 거론된다.

이들이 국가 부도의 위기에 처한 것은 지나친 복지수혜를 갈구하는 국민들의 심리를 이용하여 달콤한 정치공약을 남발한 지도층에 있다. 소위 포퓰리즘에 동승한 정치가들의 허황된 공약 남발이 국가 부도와 재정 위기의 출발점인 것이다. 아울러 금융 위기의 진원지이자 책임론에서 자유로울 수 없는 거대 강국 미국과 유럽연합 국가들도 대규모 공적자금 투입이라는 홍역을 치렀지만 대외의존형 경제구조를 가진 이들 신흥국가들을 희생양으로 삼아 금융위기를 벗어났다는 지적으로부터 자유롭지 못한 것도 사실이다.

우리나라도 지난 2012년 대선을 시발점으로 새누리당과 새정치연합이 끊임없는 복지 논쟁으로 국민들의 기대 욕구를 한없이 부풀려 놓아 웬만한 복지혜택으로는 성이 차지 않는 경향이 국민 기저에 널리 깔려 있다. 소위 복지에 대한 면역성만 올려놓아 공짜에 대한 향수가 팽배해 있는 것이다.

원래 복지라는 말은 로마시대의 '빵과 서커스(Panem Et Circenses)' 라는 말에서 유래한다. 옥타비아누스 황제 시절 로마를 독재화하면서 시민들의 반발을 없애기 위해 무료로 '빵과 유흥' 을 제공한 데서 비롯된 말로 정치학적으로는 '우민화 정책' 의 상징적 표현으로 사용되고 있다. 빵을 얻은 로마 시민들은 여기에 더해 놀거리 · 볼거리 즉 유흥을 달라고 아우성쳤다. 이에 로마의 황제들은 '통제된 평화(Restrict peace)' 를 위하여 빵과 유흥거리를 제공하고 대중들의 정치적 무관심을 유도, 집정자와 원로원의 뜻대로 로마를 지배해 나갔다. 우리가 잘 아는 콜로세움(Coloseum)은 이 유흥을 위하여 지어진 경기장이다. 당대 풍류시인인 유베날리스는 이런 세태를 풍자 시집 『사투라에(Saturae)』에서 '빵과 서커스' 라는 말로 꼬집었다. 결국 로마라는 왕조시대는 우리가 잘 아는 네로 황제의 죽음으로 막을 내리고 만다.

과도한 복지 욕구는 또 다른 복지 수요를 요구하여 정부재정의 피폐화로 한 국가를 결딴나게 한다. 제1차 세계대전 전까지 세계 제5대 부국 중의 하나였던 아르헨티나는 페론 대통령의 부인 에비타의 미모와 선심정책 그리고 노동자, 여성, 빈민들에 대한 포퓰리즘에 힘입어 3선 대통령이 되었지만 지나친 복지정책을 추구하다가 빈민국으로 전락한 대표적인 예이다. 또한 민주주의의 시발점이며 찬란한 문화를 자랑하던 그리스는 과복지에 맛을 들여 은퇴 후 퇴직 전의 80%에 달하는 연금을 받아 선진국 국민들도 부러워하는 노후를 누리었다. 그러나 금융 위기에 휩싸인 그리스는 500억 유로에 달하는 국가재산을 헐값에 팔아야 하고 국민생활은 허리띠를 졸라매야 하는 내핍을 강요당해 복지 중독의 호된 신고식을 치르고 있다. 관료들의 부정부패와 탈세, 자본 도피 등이 국민경제를 파탄으로 몰아갔다.

이러한 대중인기 영합정책은 나라를 더욱 피폐하게 만드는 정치인들의 인기 발언에 매몰되어 무능하고 부패한 정치인들을 양산하였고 정치인들은 이러한 대중심리에 화답하듯 보다 많은 복지정책을 내걸어 국민들의 환심을 산다. 이렇게 국민과 정치인들의 야합으로 나라는 병들어가는 피폐의 악순환이 거듭됨에도 불구하고 국민들은 더 많은 복지를, 정치인들은 더 많은 선심을 약속한다. 복지 중독이 나라를 망하게 하는 아편과 같음을 알면서도 그 수렁에서 빠져나오지 못하고 있는 것이다. 복지정책으로 거지가 되다시피 한 아르헨티나 그리스 그리고 유럽의 환자로 불리는 스페인, 포르투갈, 아일랜드 등의 사례를 타산지석으로 삼아 퍼주기식 정책을 남발하는 정당을 다음 선거에서 퇴출시킴으로써 건전한 재정하의 복지국가로 가는 길을 신중히 모색해야 할 것이다.

공짜로 퍼 주겠다는데 싫어할 사람들은 하나도 없을 것이다. 최근 복지 사각지대에 대한 국민적 관심이 고조되면서 '보편적 복지' 냐 '선별적 복지' 냐에 대한 논란이 활발하게 토의되고 있다. '보편적 복지' 는 소득에 관계없이 똑같은 혜택을 주자는 것이고 '선택적 복지' 는 도움이 필요한 빈곤층에게 복지 혜택을 주자는 것이다. 전자는 논란이 된 우리나라의 무상급식이 대표적이고 노르웨이, 스웨덴 등 북구 국가들이 채택하고 있는 복지모델이며 후자는 미국 등 세계 대부분의 국가들이 채택하고 있는 복지모델이다. 보편적 복지는 인간의 기본적인 삶이 평화롭고 자유롭게 살아갈 수 있도록 최소한의 기본적인 것 즉 교육, 보육, 의료, 주거 등은 국가가 책임을 져야 한다는 사회민주주의식 복지정책이고 선별적 복지는 개인이 모든 것을 해결하는 시장자유경제 즉 자유민주주의식 복지정책이라고 보면 될 것이다. 복지라는 말은 요람에서 무덤까지라는 말처럼 정부가 책임을 져주는 것이 맞다. 하지만 천문학적인 재정이 투입되어야 하기 때문에 더 많은 세금을 거두어야 한다. 그래서 대부분의 국가들은 선택적 복지를 시행하고 있다. 그럼에도 불구하고 국민들의 지나친 복지 욕구로 국가가 거덜날 지경에 이르자 모든 선진국들은 서둘러 복지 혜택을 축소하고 있다. 그러나 아직 복지 사각지대가 많은 한국은 복지 확대에 더 많은 재정을 투입하여야 한다.

경제협력개발기구(OECD) 국가의 평균 조세부담률은 28%인데 비해 한국은 20.1%이다. 2014년도 GDP 대비 총 사회복지 지출은 GDP의 10.4% 수준으로 OECD 평균치인 21.6%의 56%에 불과하다. 선진국의 절반밖에 안 되는 것이다. 우리나라의 복지예산은 지난해의 100조 원에 이어 올해도 115조 5000억 원이 책정되어 총지출의 30%를 넘어섰지만 OECD의 평균 47.9%에 한참 못 미친다. 이렇게 볼 때 GDP의 10.4%를 쓰는 우리나라의 복지 비중은 아직 복지 과잉이라고 볼 수 없는바 무상급식의 확대, 주거와 교육환경의 개선, 저출산을 극복하기 위한 보육비와 저소득 노인들을 위한 노인기초노령연금 증액 등이 필요하다고 보인다. 이런 의미에서 본다면 증세 없는 복지는 허구라고 보는 게 맞다. 집권 여당의 원내 대표가 대정부 질문에서 이 문제를 거론했다가 청와대의 미움을 샀지만 현재의 복지수준을 개선하려면 증세나 비과세 감면의 축소 내지 폐지 등에서 그 해법을 찾지 않고서는 다른 방법이 없다. 그렇게 해서라도 선진국 수준으로 가야 한다. 다만 증세 시기나 세제개편 논의는 현재의 경제사정을 고려하여 신중하게 검토하여야 할 것이다. 우리나라는 저성장의 늪에서 헤매고 있고 세계에서 가장 강력한 전투적 노조를 가지고 있어 기업 경영이 매우 어려운 나라이기 때문이다.

따라서 국민의 복지 수요에 장단을 맞추기 위하여 실천 가능성이 없이 무조건 말로만 선동하는 소위 정치 사회적 포퓰리즘에는 냉정한 판단과 경계가 필요하다. 빵과 서커스로 비유되는 허황된 정강이나 정책에 현혹되어 부화뇌동하는 국민이 있어서는 안 된다. 이는 자칫 기초체력이 부족한 사람에게 아편주사를 놓는 것과 같이 위험한 처방임을 알아야 한다. 그런 정치인을 선택해서 아르헨티나같이 빈곤국으로 추락해서는 안 되기 때문이다.

요람에서 무덤까지 복지 혜택을 누리고자 하는 욕망은 누구나 바라는 바일 것이다. 그러나 다변화되어 국가 간의 경쟁이 어느 때보다 치열해진 현시대에서 국민들을 현혹하기 위한 지나친 복지 수요에 올인하다 보면 국가부도를 맞을 수도 있음을 국민과 위정자가 냉철한 머리로 판단하여야 한다. 미국의 자치령인 푸에르토리코가 오늘 결국 부도를 선언하고 말았다. 뱁새가 황새를 쫓아가려다 가랑이가 찢어지는 우를 범한 것이다. 중용을 벗어나서는 언젠가 파멸하고야 만다는 교훈을 깊이 깨달아야 할 것이다.

(2015. 8. 4)

42%와 11.6%의 우문현답

6·25 때 참전한 학도병이 3만여 명에 이른다. 대부분 14세에서 18세까지 어린 학생들로 단 총 8발 쏴보고 일선으로 달려가 적군과 싸우다가 장렬히 전사하거나 부상 또는 실종되었다. 어린 학생들은 펜 대신 소총을 쥐고 그렇게 위기에 처한 조국을 구하기 위해 전선으로 전선으로 달려갔다. 14~15세 되는 중학생들이 제 키만 한 M1 소총을 질질 끌면서….

이들 나이 어린 학도병들이 참가한 전투 중 가장 치열한 전투는 포항 전투였다. 1950년 8월 11일, 북한 제766유격부대가 포항을 기습 공격했다. 포항여중에는 18세 미만의 학도병 71명만이 남아 있었다. 학도병 1인에게 지급된 무기는 M1소총 한 자루와 실탄 250발이 전부였다. 북한군의 엄청난 화력에 맞서 모두 네 차례의 혈전이 계속되었는데 이 전투에서 북한군 60여명을 격퇴시켰으나 우리 학도병 48명이 꽃다운 나이에 젊은 목숨을 잃었다. 그러나 11시간 반의 혈전으로 북한군의 남침을 지연시키면서 20만 명이 넘는 피난민이 형산강 이남으로 대피할 수 있었다고 전사에는 기록되어 있다. 이 포항 전투는 2010년 6·25 60주년을 맞이하여 〈포화 속으로〉라는 영화로 제작·개봉되어 전 국민에게 큰 감동을 안겨준 바 있다.

또한 인천상륙작전을 숨기기 위한 교란작전으로 맥아더 장군이 장사 위장상륙작전을 지시함에 따라 칠흑 같은 어둠을 뚫고 군번 없는 학도병 772명과 지원 요원 56명이 악전고투 끝에 상륙에 성공, 적 후방 교란과 보급로 및 퇴각로 차단 등으로 적의 이목을 딴 데로 돌려 인천상륙작전을 감행하는 데 결정적인 도움을 주었다. 그러나 이들 용감한 학도병들은 공법

단체로 승인을 받지 못한 채 국가로부터 아무런 지원 혜택을 받지 못하여 수많은 고통을 겪고 있다. 그러나 그들이 조국에 던진 애국이라는 메시지는 지금까지도 전사 기록으로 남아 전 국민의 귀감이 되고 있다.

오늘 조간신문을 보면 서울시가 6·25를 앞두고 지난 11일부터 17일까지 서울시민 3,039명을 대상을 실시한 여론조사 결과, 만약 우리나라에서 6·25와 같은 전쟁이 다시 일어날 경우 어떻게 대처하겠느냐는 설문조사에서 '일단 위험이 적은 곳으로 피난을 가거나 외국으로 가겠다' 는 응답이 42%에 달했다. '즉시 전투에 참여하겠다' 는 비율은 11.6%에 불과했다. 특히 10대와 20대에서 '일단 피난을 가겠다' 고 답한 사람이 각각 63.7%와 60.2%를 차지했고 '즉시 참전하겠다' 는 응답자는 각각 9.1%와 13.1%에 불과했다. 반면 50대 이상 응답자의 73.8%는 즉각 참전하거나 간접적으로라도 지원하겠다는 반응을 보였다.

이 통계를 보면서 아찔한 위기감을 느끼지 않을 수 없다. 도대체 전쟁이 나면 전선으로 가겠다는 10대와 20대가 겨우 10% 내외라니 이 통계를 보고도 이 나라의 지도자나 정치권이 느끼는 바가 없다면 이 나라는 정말 큰 일 날 나라다. 이 통계를 6·25 때 산화한 소년 학도병이 본다면 기절초풍할 것이다. 얼마나 부모세대가 평소 전쟁에 대한 위기감이 없다면 자식들이 겨우 도망갈 궁리나 하고 있겠는가? 도대체 교육 현장에서는 무엇을 가르쳤기에 조국을 배반하는 이런 현상이 고착화되었는지 묻지 않을 수 없다. 특히 그동안 정치권이 남남 갈등, 오도된 햇볕정책, 세대 간의 간극 심화 등 한나라의 국론을 분열시키는 데 얼마나 적극적으로 관여를 했기에 젊은이들이 조국을 배신하는 이런 웃지 못할 현상이 현실로 다가온 것인지 참담한 심정을 금할 수 없다. 어찌하여 앞장서서 지켜야 할 조국을 등지고 도망부터 갈 생각을 갖게 되었는가? 그들이 과연 대한민국 국민이 맞는가?

우리는 국사시간에 신라시대 관창의 화랑도 정신에 대하여 배웠고 현대사에서는 아랍동맹과 이스라엘의 6일 전쟁 때 해외에서 유학하던 이스라엘 남녀 학생들이 자진하여 귀국하여 입대 후 전쟁터에 나갔다는 기사를 수없이 보아왔다. 그리고 이스라엘은 승리했다. 그러나 아랍학생들은 돌아가지 않았다. 이스라엘 전사자들은 사병보다 장교가 더 많았고 아랍 장교들은 후방에서 지휘만 했다. 이스라엘의 승리는 당연한 것 아닌가? 현대전은 기선 제압이 중요하다. 기선에 못지않게 전의도 중요하다.

그런데 젊은 10대 20대들이 보따리 쌀 궁리만 하고 있다니! 이런 정신으로 어떻게 김일성교로 무장된 북한군과 싸울 수 있겠는가? 피난 가는 젊은이들을 보면서 최일선의 장병들이 적과 대적할 의욕이 있겠는가? 참으로 심각한 문제다. 이건 전의를 상실한 패잔병이나 할 소리지 패기에 넘친 젊은이들이 할 소리가 못 된다.

그리고 막상 현대전이 벌어진다면 피아간에 피난 갈 곳도 피난 갈 수도 없다. 차량으로 피난 간다는 것은 전혀 불가능하고 설령 피난길에 오른다고 해도 남한 어디에서도 북한의 미사일을 피할 수 없다. 특히나 북은 핵무기를 가진 핵 강국이다. 이러한 전력하에서 피난 갈 곳이 어디 있는가? 일단 전쟁이 나면 한미방위조약에 의하여 미국이 자동으로 개입하도록 되어 있기 때문에 북한이 먼저 전쟁을 발발할 수도 없고 따라서 전쟁을 일으키는 순간 공멸할 수 있다는 것을 알기 때문에 이 힘의 균형이 전쟁 억지력을 갖고 있는 것이다. 전쟁이 나면 이제는 앉아서 당할 수밖에 없다. 이런 실정을 10대와 20대가 모를 리 없는데 피난길부터 찾는 것은 이건 엄청난 모순이자 자가당착이다.

이는 필시 6·25가 북침이라고 교육받은 사람들이거나 동족상잔의 전쟁을 누가 일으켰는지 모르는 세대들의 철모르는 이야기로 치부하고 싶다. 아니면 개인주의로 가득 찬 젊은이들이 정치권에게 보내는 집단 히스테리로 보고 싶다. 그렇지 않고서야 어찌 대한민국 헌법 하에서 자유민주주의의가 무엇인지를 똑 바로 배운 젊은 세대들의 이야기라고 볼 수 있겠는가?

80대가 된 6·25 참전 여군 할머니가 "다시 전쟁이 난다면 비록 늙은이지만 제일 먼저 전장으로 달려 나가겠다"고 한 말을 곱씹어 보며 요즘 젊은이들의 국가관에 실망을 금할 수 없다. 10대 20대들은 이제 전쟁이 나면 모두가 피할 곳도 도망갈 곳도 없다는 현대전의 실상을 가감 없이 깨달아야 할 것이다. 다음 조사 때는 조국을 수호하는 데 젊은이들이 앞장서겠다는 굳건한 애국심을 보여 주었으면 좋겠다.

(2015. 6. 25)

늬들 진심을 이제야 알겠다

1967년 이스라엘이 아랍과 벌인 6일 전쟁(3차 중동 전쟁) 때 외국에서 공부하던 유학생들이 '가자! 조국으로'를 외치며 자진 귀국하여 총을 잡은 얘기는 너무나 유명하여 이를 알지 못하는 사람은 없을 것이다. 이스라엘이 승리하였음은 불문가지다.

영국의 이튼스쿨 출신 학생들이 세계적으로 각광을 받는 것은 노블리스 오블리주 정신에 있을 것이다. 노블리스 오블리주는 프랑스어로 '가진 자의 도덕적 의무'를 뜻하며 전쟁이 나면 귀족들이 제일 먼저 전쟁터로 나가고 평화 시에는 가난한 이웃을 위해 봉사활동을 하는 정신을 일컫는다. 전쟁 발발 시에 이튼 출신 부모들은 자신들의 자제를 전쟁터로 보냈다. 이튼스쿨 출신으로 유명한 사람은 나폴레옹과 벌인 워터루 전쟁에서 승리로 이끌었던 웰링턴 장군이 있고 엘리자베스 여왕의 차남인 앤드류 왕자는 아르헨티나와 벌인 포클랜드 전쟁에 전투헬기 조종사로 참전했으며 그 유명한 다이애나 황태자비의 아들이자 왕위 계승 서열 2위인 윌리암 왕자 역시 이라크 전쟁 때 정찰부대장으로 파병되기도 했다. 제1차 및 제2차 세계대전에서 전사한 이튼칼리지 출신 장병이 2,000여명에 이른다.

영토 분쟁과 왕위 다툼으로 시작된 영·불 간의 100년 전쟁에서 프랑스를 구해낸 소녀 영웅 잔다르크의 용맹은 역사 교과서에서 배웠다. 또 미국의 남북 전쟁 때 제일 앞에서 용감하게 싸우다 전사한 소년병들의 이야기도 들었다.

우리나라 역사에서도 순국 소녀 유관순, 신라의 관창 등은 어린 나이임에도 나라를 위하여 기꺼이 목숨을 바쳤다.

오늘 아침 신문을 보니 정말로 뜻밖이면서도 믿음직한 뉴스를 보고 요즘 말대로 크게 '감동 먹었다'.

나는 지난 6·25날 「42%와 11.6%의 우문현답」이라는 글을 써서 발표했다. 서울시가 6·25를 기해 3,039명을 대상으로 조사한 설문 조사 결과 만약 전쟁이 나면 어떻게 대처하겠느냐는 질문에 20대의 60.2%가 '일단 피난을 가겠다'라고 응답했고 '참전하겠다'는 의사 표시는 겨우 13.1%에 불과했다고 했다. 그래서 그 결과에 '너무 실망했다'라는 내용의 글을 썼었다. 울화가 치밀어도 그렇게 크게 치밀 수 없었다. 젊은이들의 국가관에 참담한 심정을 금할 수 없었다.

최근 휴전선 인근 비무장지대에서 일어난 목함지뢰 폭발사건으로 남북이 최고의 대치 속에서 전쟁 일촉즉발의 긴장관계를 보였다. 다행히 전격적인 고위급 회담의 결과로 6개항의 합의문을 발표함으로써 급격한 화해 무드를 조성하였다. 북한이 회담에서 지뢰사건에 유감을 표시한 것은 남한의 외교적 완승으로 보이며 박대통령의 남북관계 정책이 탄력을 보일 것으로 생각된다. 덩달아 지지도도 올라갈 것이다.

여기서 잠깐 묻고 싶은 말이 있다. 그동안 북한의 도발만 있으면 자작극이라느니, 음모론이라느니, 공동 조사를 해 보자느니 하던 종북세력들과 일부 국회의원들은 이 북한의 자기고백에 대해서 솔직한 답변을 해야 한다. 당사자가 스스로 인정을 해서 유감을 표시해도 못 믿겠다면 도대체 누구 말을 믿겠다는 것인가? 아직도 지뢰 폭발사건이 남한이 꾸며낸 연출이라고 전처럼 당당하게 말할 수 있는지 대답해 보라. 그리고 사실을 인정한다면 당당하게 국민 앞에 사과하라.

이번 지뢰 도발 사건으로 가장 큰 수확을 거둔 것은 남남 갈등과 국론 분열을 잠재우고 국민의 단합된 힘을 대내외에, 특히 북한에게 가감 없이 보여주었다는 점이다. 중도 보수사상이 국민 기저에 깔려 있고 안보 상태가 위험수준이라는 점을 확인한 중대 발견이라고 해도 과언이 아닐 것이다.

아울러 위기의식이 직접 다가왔을 때 젊은이들이 어떻게 대응할 것인가가 중요한 관심사였다. 다행스럽게도 20대의 안보의식이 해마다 높아져 젊을수록 안보에 무관심하다는 기존의 통념을 기분 좋게 깨고 있다. 즉 국가보훈처에서 실시한 작년의 의식 조사에서 현재의 안보 수준에 대해 '심각하다' 라고 응답한 20대가 65.9%였고 올해 6월의 국가안전처 조사에서는 '전쟁 시 참전 혹은 지원활동에 동참할 의사가 있느냐' 는 질문에 20대의 79%가 '그렇다' 라고 답했다는 것이다. 뿐만 아니다. 최전선에서 포탄을 주고받는 위기사항이 벌어지자 88명의 20대 젊은 현역들은 손꼽아 기다리던 전역을 미루겠다는 결연한 의지를 보였고 대학생들 사이에서는 '가자 전선으로!' 라는 구호가 SNS를 달궜다고 한다. 어떤 해병대 출신 젊은이는 보관해 두었던 군복을 꺼내 다려놨다는 기사가 온 국민의 가슴을 뭉클하게 했다. 이 얼마나 눈물겹도록 믿음직스러운 대한민국 20대들의 안보관이며 국가관인가!

그런데 왜 서울시와 정부기관이 같은 내용을 놓고 조사한 결과가 이렇게 현격한 차이를 보이고 있는지는 알 수 없다. 이러한 상반된 여론조사 결과는 글을 쓰는 사람은 물론 일반 국민에게도 오도된 여론을 형성할 수 있다. 그 의문점은 조사기관이나 정부기관이 풀어서 공개해야 한다. 조사기관으로서의 당연한 의무다. 만약 20대가 이런 국가관을 가지고 있다면 그 나라는 망하고 말 것이기 때문에 이런 결과가 나온 것은 조사상 질문의 내용이나 방법에 중대한 하자가 있었을 거라고 믿고 싶다. 우리나라 젊은이들이 전쟁이 나면 도망가겠다는 의견이 60.2%라는 것은 도저히 믿기지 않는다. 그건 엉터리 조사라고 믿고 싶다. 서울시가 의도적으로 그렇게 답변을 유도한 것은 아닌가 하는 생각이 든다. 염려가 된다면 '노블리스' 일수록 '오블리주' 를 다하지 않는 고위 공직자들과 징집을 면하기 위하여 위장 유학을 가는 그들 자제가 문제다.

나는 20대를 믿는다. 일제에 항거했던 광주학생 사건이나 4·19혁명, 5·18 광주민중항쟁, 6·29선언까지 항시 불의에는 20대가 앞장섰다. 세계 역사상 그 많은 전쟁이 있었지만 최전선에는 언제나 혈기 왕성하고 국가관이 투철한 20대 군인들이 앞장서서 싸웠다. 그리고 용감하게 죽어갔다. 20대 우리 대한민국 아들딸들이 절대 그럴 리 없다. 오해해서 미안하다. 늬들 진심을 이제야 똑바로 알겠다.

(2015. 8. 27)

오자 오식 정정 캔트

지축 박차 천지 흔들
誤字 誤植 訂正 캔트(CAN' T)
리멤버 고대신문 야~

이 짧은 구호는 우리나라 사학의 명문인 고려대학교 발행 고대신문(高大新聞)의 사호(社號)다. 가장 정확한 신문을 가장 빠르게 학생들에게 전달하되 오자 · 오식 · 정정은 안 된다는 의미로 다소 해학적인 면을 담고 있지만 신문의 생명성을 강조한 명쾌한 경구라는 점에서 일반신문에 그대로 적용해도 결코 무리하지 않은 캠페인이라고 본다. 내가 학생기자로 있을 때는 없던 사호를 후배기자들이 만든 것이다. 지금의 디지털 시대에도 몇 번을 강조해도 지나침이 없다는 좋은 구호라고 생각이 든다.

내가 고대신문과 인연을 맞은 것은 1960년 중반부터 1962년 중반까지 2년간이었다. 고등학교 시절 학교신문을 만들 때 편집위원으로 참여했던 인연을 살려, 앞으로 유능한 저널리스트가 되겠다고 꿈을 키우면서 취재부 기자로 출발한 나는 학업과 편집국장이라는 두 가지 공부를 하면서 대학생활을 마쳤다. 물론 저널리스트가 아닌 다른 방향으로 사회에 발을 디뎠지만…. 이 사호가 생긴 것은 당시 고대신문사 주간으로 계셨던 고 O 교수님으로부터 학생 기자들이 귀가 아프도록 듣던 훈시에서 착안해서 만든 것으로 알고 있다. O 교수님은 매주 1회 발행하는 대학신문에 오자나 오식이 있어서는 절대 안 된다고 늘 강조하셨다. 그때는 납으로 만든 활자를 문선해서 인쇄를 하던 시절이었다. 당시 고대신문을 인쇄하던 신문사가 동아일보사였다. 손으로 문선공이 일일이 활자를 뽑아서 조립해서 등사판으로 밀어 보낸 것을 학생기자들이 교정을 보아서 최종 OK하면 인쇄에 들어가는 순서다. 오자나 오식이 있는 것은 그래도 어쩔 수 없었지만 만약 기사 자체에 잘못이 있으면 연판을 다시 뜨거나 일부를 깎아내야 한다. 이는 도저히 용납될 수 없는 큰일이다. 일종의 사건인 것이다.

브리태니커 백과사전을 찾아보니 '신문은 뉴스 논설 및 정보들을 제공하는 정기간행물' 이라고 씌어 있다. 그리고 '신문은 20세기 지구촌시대의 여론 형성과 독자에게 정확한 정보를 제공할 의무를 갖는다' 고 했다. 지금은 디지털시대에 맞게 신문뿐 아니라 TV, 잡지, SNS 등 대중 매체들이 매일 홍수 같은 사건 사고 소식을 쏟아내고 있다. 그런 의미에서 본다면 신문은 신속 · 정확한 무수한 정보를 하루아침이나 저녁에 독자들에게 전달하는 대중 매체이다. 따라서 정확한 전달이나 비판이 신문의 사명이 아닌가 생각한다.

나는 수십 년을 조선일보를 구독하는 보수층 독자이다. 나이도 희수를 지난 사람이다. 그럼에도 신문을 읽다 보면 오자나 탈자가 없는지 습관처럼 살펴보는 것이 버릇처럼 되어 버렸다. 대학시절 학보사 기자를 지낸 나로서는 그것이 습관처럼 머리에 입력되어 있기 때문이라고 생각한다. 그런데 조선일보 2015. 5. 20일자 A2면을 보면 '조선일보 주최 제6회 아시안리더십콘퍼런스(ALC)' 에 참석한 무디 인도 총리의 기조연설 내용 중에 엄청난 오류가 있음을 발견하고 20일 9시와 21일 9시 두 번에 걸쳐 조선일보에 기사가 잘못됐다고 지적하고 그 결과를 알려 달라고 전화번호까지 남겼는데도 며칠이 지나도 아무 전언이 없다. 그냥 덮고 넘어가려는 모양이다.

오류 내용은 '세계는 아시아가 이끌고 아시아는 인도가 이끌 것' 이라는 타이틀의 기조연설 기사 중에 '올해 제2차 세계대전이 발발한 지 70년이 되는 만큼' 이라는 내용이 실려 있었다. 뭔가 이상한 생각이 들어서 다시 읽어 보니 분명 제2차 세계대전이 발발한 지 70년이라고 되어 있다. '종전' 한 지가 70년이 아니고 '발발' 한 게 70년? 그렇다면 1945년에 2차 대전이 일어났다는 얘기다. 그것도 거대한 뜨는 국가로 국빈 방문한 인도 총리의 말을 빌어서 말이다. 이것은 외교결례로 비화할 수도 있는 중대한 문제다. 주한 인도 대사관에서 이 기사를 읽고 어떤 생각을 했을지 궁금하다. 인도 총리가 무식하다는 것을 직접적으로 설명하는 구절이기 때문이다. 이것은 편집진의 실수로 생각하지만 국제적으로 또는 외교적으로 중대한 실수이므로 조선일보는 당연히 정정 사과 기사를 냈어야 옳다.

또 배우는 학생이 보면 우리나라가 독립한 해가 분명 1945년인데 그 해에 전쟁이 발발했다고? 역사가 오기되는 엄청난 사건(나는 그렇게 본다)을 나는 본 것이다. 그 문제가 만약 역사 시험문제에 나왔다면 분명 오답을 쓰는 학생들이 있을 수 있다. 중대한 과오가 아니고 무엇이겠는가! 그런데도 정정기사나 미안하다는 전화 한마디도 없다, 분명히 두 번씩이나 건의해도 아무 답신이 없는 것을 보니 정정할 의향이 전혀 없는 것이다. 이건 자존심의 문제가 아니라 진실의 문제다. 신문의 사명은 정확한 뉴스를 신속하고 올바르게 전달하는 데 있다. 그 제일의의 약속을 깬 것은 실수가 아니라 고의다.

문제는 또 있다. 데스크에 직접 통화가 안 되고 안내양이 전화를 받아서 해당 부서에 전하는 방식이었다. 신문 등 매스컴을 권력의 제4부라고 한다. 요즘은 언론 독재라고까지 칭한다. 그 막강한 권력을 쥐고 있는 신문이 일개 독자의 건의에 귀 기울여 줄 것이라고 믿은 나의 불찰이었다. 그런데도 신문기사에는 '소통' 이라는 말을 손쉽게 쓴다. 독자의 친절한 지적을 외면하는 조선일보가 국내 최대의 신문이라고 자랑하는 것이 얼마나 웃기는 얘기인가?

(2015. 5. 20)

대한민국 파이팅!

완전 무장한 군장의 무게는 대략 40kg 내외인 것으로 알고 있다. 완전 무장이란 철모에 소총, 실탄, 방독면, 우의, 탄띠, 모포와 전 개인 휴대물을 갖춘 전투 태세를 갖춘 형태를 말하는 것이다. 군에 갔다온 사람이면 완전 무장을 하고 4km의 구보를 다 해 봤을 것이다.

나는 1963년도에 논산훈련소에 입대를 하였는데 원래부터 몸이 약했던 나는 구보대열의 제일 마지막 병사로 숨을 헐떡이며 따라가다가 그로기 상태로 쓰러지기 직전, 같은 내무반원인 전우 한 명이 내 M1소총을 받아들고 부축하여 주는 바람에 겨우 출발점으로 돌아올 수 있었다. 만약 그 전우의 도움이 없었으면 나는 제일 마지막으로 반환한 훈련병으로 중대장의 기합을 받았을 것임은 불을 보듯 뻔했다. 평소 내무반의 깡패(?)로 알려진 그 전우가 나를 위해 자기가 기합을 받을지도 모르는 상황에서 내 어깨를 부축하고 총을 양 어깨에 멘 채 같이 끝까지 뛰어준다는 것은 전우애, 그 하나 때문이었다. 나는 군대시절을 회상할 때면 서울 출신이었던 그 전우의 고마움을 잊을 수가 없다.

지금 메르스로 온 나라가 준 전시상태에 돌입하였다. 6월 18일 현재 사망 24명에 확진자 누계 166명, 자가 격리자 5,930명으로 확대된 메르스는 이제 전국으로 골고루 퍼져 어디도 안전지대가 없게 되고 말았다. 이로 인하여 가장 고통에 시달리는 사람은 물론 환자 자신이겠지만 사투를 하며 치료의 최전선에서 악전고투하고 있는 사람은 환자를 직접 치료하는 진료진이다. 그들은 이 더위에 의사는 우주복같이 생긴 10kg의 진료복을 입고 치료에 땀을 쏟고 있으며 간호사도 3kg의 방호복을 입고 감염자를 밀착 간호하고 있다.

최악의 경우는 진료진이 감염되는 경우도 있어 한 수간호사가 환자를 심폐소생중 감염되어 치료를 받고 있다는 잔잔한 감동을 전해 주고 있다. 이들은 환자를 한번 진료하고 나면 옷을 갈아입는 데만 1시간이나 걸린다고 하며 온 몸이 땀으로 목욕을 한 듯하다고 하니 그 고충이 얼마나 클 것인지는 속된 말로 안 봐도 비디오다. 의료진 복장을 떠올리며 지난날 군대 시절의 완전무장 모습이 생생하게 생각나기에 전반부에서 잠시 언급해 본 것이다. 지금 무엇보다도 중요한 것은 메르스를 극복할 수 있다는 자신감을 가지고 지레 겁을 먹는 공포심을 떨쳐 버려야 한다. 전시중에 가장 위험한 것은 전의를 잃는 것이다. 지레 겁을 먹고 전의를 상실하여 싸움 한번 못 해보고 패퇴한 예는 동서고금의 전쟁역사를 통하여 수많이 보아 왔다. 마찬가지로 지금 국민들은 메르스 공포로 인하여 메르스보다 더 무서운 공포와의 전쟁도 함께 치르고 있다. '메르스균'과 '공포의 균'이라는 두개의 균과 힘겨운 이중 싸움을 하고 있는 것이다. 공포로부터의 해방이 무엇보다도 시급하다

사람은 공포만 쏘아도 지레 죽는다고 한다. 총탄을 장전하지 않은 채 격발해도 공포 총소리만으로 그 자리에 쓰러진다는 연구 결과도 있다. 그만큼 죽음에 대한 공포는 무서운 것이다. 그렇기 때문에 이 공포감을 없애는 것이 국민들이 평상생활로 돌아가는 지름길이자 시장경제를 활성화하는 치료수단인 것이다. 다행히 보도에 의하면 오늘부터 추가 확진환자 수가 서서히 줄어들어가는 현상을 보인다고 대책본부가 조심스럽게 진단하고 있다고 한다. 듣기에 정말 반가운 일이다. 따라서 국민들이 이 위기로부터 조기에 탈출하는 방법은 메르스와 사투를 벌이고 있는 의료진에게 고마움과 격려를 보내고 국민들이 일상생활로 돌아가는 것이다. 그래야 사람도 살리고 침체에 빠진 경제도 살릴 수 있다.

이번 메르스는 치사율이 15% 내외라고 한다. 공포에 떨 만큼 무시무시한 질병은 아니다. 중세의 페스트는 2,000만 명의 사망자를 냈고 1918년 스페인독감은 5천만 명, 1968년 홍콩독감엔 100만 명, 2003년 사스엔 800여 명이 죽은 것에 비하면 이번 메르스 사태는 충분히 극복할 수 있는 질병이다.

그러나 세월호 침몰 사건 터널을 겨우 빠져나와 부동산 경기 회복을 시발로 경제가 회복 기미를 보이고 있는 시점에서 메르스가 엄습한 것은 경제에 치명타이다. 특히 관광업계와 숙박업계, 그리고 음식점, 극장, 백화점은 물론이고 서민경제와 직결되는 재래시장이 직격탄을 맞았다. WHO가 한국의 메르스가 큰 걱정을 아니해도 될만한 수준이라고 발표했음에도 불구하고 각국은 자국민의 한국 방문 자제를 권고하는 실정이어서 관광객 12만 명이 한국 방문을 취소하고 어학연수 · 교환 학생 등이 줄줄이 일정을 취소하는 등 관광시즌임에도 불구하고 북적대야 할 공항과 여객기가 한산하다는 우울한 소식만 지면을 채우고 있다. 심지어는 일부 국가에서는 한국인 투숙까지 사절하는 사태가 발생하고 있다. 이런 위기가 지속된다면 올해 경제성장율 3% 달성도 어렵겠다는 암울한 소식마저 나오는 실정이다.

어디 그뿐인가. 상호 불신만 증폭시켜 의료진, 소방대원, 환자 가족 등이 따돌림을 당하는 신판 주홍글씨 사태마저 불러일으키고 있다고 한다. 메르스는 공기로는 전염이 되지 않음에도 불구하고 의료진이나 소방대원들의 신상을 털어 아파트 방송에서 소방대원이 살고 있다는 방송을 하는 몰지각한 사람이 있다고 한다. 또 환자 치료에 사투를 벌이고 있는 의료진 가족이 손가락질을 받으며 기피 대상이 되고 있다고 하니 낮은 국민 의식 수준에 실소를 금할 수 없다.

여기에 더하여 양심마저 실종되어 확진환자가 발생한 병원에 다녀온 사실을 숨겨 초동대응을 어렵게 하고 심지어는 격리 대상 환자가 입원을 거부하고 당국의 지시에 따르지 않고 개별적으로 택시를 타고 귀가하는 해프닝까지 벌어지고 메르스 의심환자가 2박 3일간의 제주도 여행을 다녀옴으로써 마지막 청정지역인 제주도마저 병균으로 물들이고 말았다. 한심한 국민의 도덕 수준이다. 이런 행위는 법과 질서를 무시하는 공권력에 대한 도전행위로 간주하고 강력한 법의 심판을 받도록 해야 한다.

그러나 사태를 여기까지 이르게 한 것은 정부가 초기 대응 부실로, 감염환자 정보를 공유하지 않아서 후속 대책 마련까지 우왕좌왕하게 만든 책임은 어떤 식으로든지 져야 한다. 초기 1호 환자에 대한 초동대처가 미흡했고 질병에 대한 관계당국의 매뉴얼 부재, 심지어는 정확한 사실을 국민과 병원에 알리지 않고 쉬쉬하고 감추어 온 밀실정책이 사태를 여기까지 끌고 오고 말았다

여기에 더하여 우리나라 최고의 의료기관인 삼성서울병원의 오만이 현재의 사태를 키워 왔다는 사실이다. 그로 인하여 확진자의 반을 생산해내 메르스 제조공장이라는 오명을 뒤집어쓰고 말았다. 그런 자만이 '삼성병원이 뚫린 것이 아니' 라 '국가가 뚫렸다' 는 방자한 역습까지 해댔다. 이것이 오도된 특권의식이 아니고 무엇인가? 그러기에 삼성이 정부의 보호하에 조직으로 발병사실을 축소 · 은폐해 온 것이 아니냐는 의혹을 받고 있는 것이다.

그러나 나는 어제 참으로 감동적인 민주정치의 기적을 보면서 우리나라의 앞날에 대한 무한한 가능성을 발견하였다. 황교안 극무총리 임명동의안을 국회법에 따라 민주적인 절차로 투표로써 선출하는 기적 같은 장면을 보여준 것이다. 물론 메르스 효과도 있었겠지만 현재와 같은 국가 비상사태하에서 여야가 싸움질만 하는 추악한 장면을 국민들이 더 이상 방관하지 않을 것이라는 위기의식을 여야가 느낀 것은 또 얼마나 다행스러운 일인가? 만약 메르스 정국이 아니었다면 야당이 투표라는 절차를 거쳤을 리가 없다. 이제껏 해온 행태에서 그 실상을 똑똑히 봐왔지 않은가? 임명동의안

은 표결에 붙여보지도 못하고 정부로 이송되었을 것이고 대통령이 그대로 임명장을 수여했을 것이다. 그러나 메르스가 그런 현상을 막았다. 더 확대해 보면 국민이 막은 것이다. 얼마나 보기 좋은가. 당당하게 표결에 임하여 가부를 표로써 물은 것이 얼마나 보기 좋고 떳떳한 행동인가. 이런 의회정치의 부활로 국민을 무서워할 줄 아는 생산적인 국회상을 정립한다면 국민들이 얼마나 열렬한 감동의 박수를 보낼 것인가? 앞으로는 비정상의 정상화가 정착할 수 있도록 국회의원 스스로가 환골탈퇴할 것을 촉구한다.

우리가 어떤 민족인가. 이순신 장군과 안중근 의사의 DNA가 우리 피속에 흐르는 위대한 백의민족이다. 위기 때마다 의병들이 일어나 앞장서서 나라를 지킨 애국 민족이다. IMF 때는 금 모으기로 민족의 저력을 과시하였고, 박세리가 맨발로 물속으로 걸어들어가 골프공을 퍼팅하여 우승하는 장면은 상처받은 국민의 마음을 얼마나 어루만져 주었는가? 엊그제는 박인비가 세계 최초 메이저 3연패, 3연속 우승 동시 달성이라는 대위업을 수립하여 침울한 국민을 달래주더니 뒤이어 태극낭자들이 사상 처음으로 월드컵여자축구 16강 진출이라는 쾌거를 이루는 장면에 온 국민들이 얼마나 들썩였는가? 이와 같은 기쁜 소식이 국민의 마음을 달래준다면 어찌 메르스 위기 하나 극복하지 못하겠는가! 위대한 민족의 저력은 가장 어려운 순간에 발휘되는 것이다. 합심해서 못 풀 난관은 없는 것이다. 이에 나는 열정 어린 박수를 엮어 다음과 같이 응원한다, 힘내라 의료진 여러분! 극복하라 환자 여러분! 희망을 쏘자 국민 여러분! 화합하라 여야 의원 여러분! 우리는 반드시 짧은 기간 안에 메르스를 극복하고 단합된 민족의 저력을 과시할 것이다. 대한민국 파이팅!

(2015. 6. 18)

성형공화국 보고만 있을 건가?

'성형미인' 이란 '성형을 통해 용모가 아름다워진 여자' 를 일컫는 말이라고 사전은 설명하고 있다. 아담과 이브가 뱀의 꼬임에 빠져 금단의 열매를 따먹음으로써 에덴동산에서 쫓겨나면서부터 인간은 남녀 간에 상대방을 유혹하는 분장술과 미용술을 시작으로 복식과 메이크업 그리고 화장술의 발전을 보게 되었다. 그중 가장 발달한 것이 메이크업인데 메이크업이란 사전적 의미로는 마무리, 보완 등의 의미가 있었으나 현대에는 주로 화장이라는 의미로 집약된다. 원시사회에는 메이크업이 자기 자신을 인위적으로 변화시킴으로써 상대방을 매혹하고자 하는데 있었으나 때로는 상대방에게 공격적인 공포심을 주는데도 있어 심지어는 신체 일부를 변화시키는 고통까지도 감내해야 했다.

기원전 3천년 전 이집트에서는 더위나 바람, 태양 등으로부터 자신의 신체를 보호하기 위하여 색소나 가발, 눈 화장 등 소위 그 유명한 "그녀의 코가 한 치만 높았어도 세상의 역사가 바뀌었을 것"이라는 말의 주인공인 클레오파트라 스타일이 생겨나 주로 눈썹과 속눈썹을 검고 길게 표현했으며 볼과 입술은 예나 지금이나 붉게 표현했다고 한다.

그리고 그리스는 기원전 350년 이전에 수치적 · 형이상학적으로 완벽한 얼굴 형상에 대한 개념을 정립함으로써 현대 성형학에도 응용되기도 한다고 한다. 참으로 선견지명 있는 국가였다. 19세기를 거쳐 20세기에 들어와서는 영화, 오페라, 발레 등이 발달하고 칼라TV의 보급으로 색채에 대한 관심이 높아지고 유명 배우들의 스타일을 따르는 경향이 많았으며 지금도 잊혀지지 않는 우수의 얼굴 그레이스 켈리, 비비안 리, 발랄의 대명사인 오드리 헵번 등의 머리 스타일이나 복장이 여성들의 유행을 선도하기도 했다.

우리나라는 6·25전쟁으로 인한 서구사회의 유명 화장품이 PX나 밀수 등을 통하여 유입됨으로써 여성들의 메이크업을 한 단계 높여 놨으며 수입자유화와 국민소득 증대로 복식과 화장 문화가 통째로 바뀌면서 색깔의 조화와 몸매에 관심을 갖는 여성들이 늘어나 미니스커트와 핫팬츠 스타일이 현재의 여성 패션을 이끌어 오고 있다. 또한 찢어진(?) 청바지가 유행하여 보는 사람으로 하여금 아슬아슬한 스릴을 느끼게도 한다. 바디샵이 유행하면서 얼굴과 피부를 다루는 피부과가 유명세를 떨쳐, 모든 사람이 다 아는 바와 같이 6년 전 서울시장 후보로 나섰던 나경원 의원이 강남의 연 1억원짜리 피부클리닉 회원권으로 미모를 가꾼다는 루머로 치명타를 입고 박원순 무소속 후보에게 시장 선거에서 패배하는 비운을 겪은 것은 여성의 외모 가꾸기가 얼마나 여성들의 관심사였는지 웅변으로 증명해 주는 살아 있는 증거라고 하겠다.

또한 '여성의 변신은 무죄'라는 광고 카피가 대히트를 한 것도 여성의 아름다움을 강조하기 위한 광고였음은 기억에 잊혀지지 않고 있을 것이다. 한동안 S라인의 열풍이 불어 다이어트와 요가 등에 많은 여성들이 아름다움을 가꾸기 위해 많은 관심을 갖게 되었고 현재는 몸 전체를 뜯어 고치는 성형이 유행하여 일본, 중국 등에서 성형 원정을 올 정도로 성형외과가 성업중이어서 젊은 사람치고 쌍꺼풀 수술은 기본이고 뱃살 기름 빼기, 허벅지 기름 빼기, 사각턱 깎기, 주름 제거, 보톡스 심지어는 여성들의 은밀한 부분의 성형 등도 대놓고 광고하고 있다.

앞서 서양의 메이크업에 대하여 살펴봤듯이 동서양 할 것 없이 미에 대한 여성들의 관심이 고조되어 지금 한국의 성형시장은 외화벌이도 한 몫하지만 인조인간을 만드는 거대한 공장으로 변신되어 가고 있어 사회적인 문제로 대두되고 있음은 신문 지상의 여론을 통해서도 잘 알고 있을 것이며 또한 엄연한 사실이기도 하다. 이로 인한 성형사고도 심심찮게 신문에 보도되고 있다. 지난 19일에 서초구의 한 성형외과에서 턱을 깎는 수술을 받던 21세의 꽃다운 여대생이 회복실에서 깨어나지 못하다가 끝내는 죽음에 이르는 안타까운 일이 벌어졌다. 얼마 전에도 비슷한 사고로 목숨을 잃은 적이 있다

보도에 의하면 일부 대형 성형외과는 10여명의 성형외과 원장들이 각자 물건을 조립하듯 타이머를 켜놓고 부위별로 수술을 담당하여 쌍꺼풀은 30분, 눈앞·뒤트임은 1시간, 코 수술은 2시간 내에 수술을 끝내라는 분업(?)상의 재촉을 받는다고 한다. 이것은 병원이 아니고 자동차를 조립하는 공장같이 완전히 돈을 버는 거대한 인간 공장으로 변신되어 가고 있는 것이다. 여기에 외모를 중요시하는 회사나 입시 면접 때문에 젊은이들은 남녀 구분 없이 성형수술을 하는 경향이 늘어난다고 한다. 사람을 마루타로 보고 산 채로 수술하던 악명 높은 일본 731부대의 행위와 무엇이 다른가? 이러고도 '추한 성형공화국' 한국의 민낯을 이대로 보고만 있을 것인가? 요즘 미스코리아에 응모한 여성들 중에 과연 몇 명이나 본래의 얼굴로 출전하였는지 궁금한 것은 나만이 아닐 것이다. 심지어는 왜 예쁜 사람은 없고 다 똑같은 미인들만 있느냐고 인터넷에 비웃음이 넘쳐나고 있다.

우리나라 성형시장 규모는 연간 5조원으로 전 세계 21조 시장의 4분의 1을 점하고 있다고 한다. 전 세계 인구 70억 중 140분의 1인 5천만 인구에서 시장의 4분의 1을 점하고 있는 현실을 돌아보면, 국민이 미치지 않고는 이런 통계가 나올 수 없다. 많은 외국인들이 왜 한국에는 비슷한 사람들이 그렇게 많으냐고 머리를 갸우뚱한다는데 이런 추세로 나간다면 온 도시인들이 한 공장에서 찍어낸 듯한 인조인간으로 꽉 차지 않을까 걱정이다. 이런 가운데 외국인을 꼬여 성형외과를 소개해주고 의사로부터 거액을 받는 성형 브로커가 날뛰고 있다는 내용도 심심찮게 지상에 오르내린다. 대표

적인 사례가 중국여인을 꼬여 유방 수술을 하게 하고 500만원밖에 안 드는 수술비를 2억 원이라고 속여 소개비로 1억 4천만 원을 갈취했다는 보도도 보았다. 세상 요지경이다. 이건 사기를 넘어 칼만 안든 강도짓이다. 이런 사실을 알고 앞으로 어떻게 외국 관광객을 유치하겠다는 것인지 당국에게 묻고 싶다. 한국에 대한 이미지를 손상시키는 이런 브로커는 중형에 처해야 한다. 그렇잖아도 엔저와 함께 한국에 몰리던 중궁의 요커들이 일본으로 방향을 돌리고 있다는 소식이 신문에 계속 보도되고 있다. 한 번 신용을 잃으면 회복하는 데 엄청난 비용과 시간이 소요된다.

또한 보도에 따르면 현재 유명 대학병원은 외과 의사들이 학교에 남지 않고 대부분 개업의로 나가려 하고 서울대 의대 출신들은 거의가 강남에 성형외과를 단독 또는 연합으로 차리려고 한다고 한다. 그것도 서울대 출신임을 알리는 대형 간판을 걸고 손님들을 유혹한다고 한다.

이처럼 나라의 먹거리를 이끌어 나가야 할 전자정보통신 계열은 언필칭 제주도 치의대까지 지원이 끝나야 그 다음으로 서울대 전자공학과를 가려고 한다는 한심한 현실이니 나라의 장래가 참으로 암울하기만 하다. 성형 제조공장, 아무리 외화를 많이 번다고 하더라도 사람을 하나의 실험대상으로 보는 성형외과의 무분별한 범람은 국가가 정책적으로 재고해야 하며 인명과 보상을 담보할 수 있는 엄격한 법률의 정비가 시급하다.

옛날에 열쇠 네 개를 가져와야 혼사가 성사된다던 의사·판검사 사위를 보던 시대로 되돌아가는지, 딸의 혼수로 병원을 차려주고 후에 5억 원을 추가로 주기로 했다가 이를 주지 않자 각서를 근거로 소송을 했다는 보도를 우리는 얼마나 더 보아야 이 천민자본주의 정신이 사라질 것인가?

특히나 지상파 텔레비전 방송에서까지 아주 못 생긴 얼굴과 몸매를 가진 여성들을 완전히 다른 사람으로 변신시켜 출연시키면서 그 뒤로 의사들이 의기양양하게 서 있는 모습을 보면 이 의사들이 자선을 하는 것인지 병원 선전하러 나온 것인지 의료정신을 의심하지 않을 수 없다. 더욱이 공공

성을 띄운 매체에서까지 성형을 부추긴다는 의심을 하지 않을 수 없다. 그러고도 히포크라테스 선서를 용감히 했으며 대중매체인 텔레비전 방송국은 방송윤리를 지키겠다고 약속했는가? 나라의 장래를 걱정하는 메아리 없는 이 노인의 넋두리는 언제쯤이나 사라질 것인지, 이 국가와 사회에 되묻고 싶다.

갑자기 공자의 말씀을 한번 되짚어 보고 싶다.

'身體髮膚신체발부는 受之父母수지부모하니 不敢毁傷불감훼상이 孝之始也효지시야'

이 말은 '신체와 머리카락과 수염 포함하여 모든 것은 부모로 받은 것이니 감히 훼손하지 않음이 효의 시작이니라' 란 뜻이 된다. 당시는 효를 지상 최대의 선으로 생각할 때였다. 부모에 대한 존경은 나 자신을 어떻게 관리하느냐에 따라 부모의 존영이 함께 하는 것을 가리키는 소중한 의미를 담고 있다.

한번쯤 우리의 현실을 되돌아봐야 할 뼈아픈 충고요 교훈이 아닐까 하는 생각이 드는 것은 비단 나뿐만일까?

(2015. 5. 28)

어머니로부터 학생들을 해방시키자

오늘 아침 조간신문을 보니 '내가 모르는 내 아이' 시리즈에 요즘 대학생들마저 어머니의 과보호에 시달려 우울증까지 앓고 있다는 현실을 고발하고 있다. 그 예를 들면서 부모가 시키는 로봇처럼 부모의 뜻에 따라 공부를 하는 요즘 대학생들의 과보호와 간섭 때문에 대학생들이 자기 주관을 잃고 부모의 그림자로 '대리 삶'을 살고 있다는 현실을 고발하고 있다.

즉 모 대학에선 "애가 아파서 대리 출석을 하러 왔다"는 어머니가 있는가 하면 해외에 있는 어머니가 국내 대학에 다니는 딸의 인터넷 사이트에 들어가 공부 성적과 사생활까지 들여다보면서 그 딸을 원격 조정해 "감 놔라 대추 놔라" 하며 사사건건 간섭한다고 한다. 부모의 간섭을 받고 있는 몇 가지 예를 든 것에 불과하지만 사실 대학생이라고 하면 나이가 대략 20살쯤 되어 사리판단을 충분히 할 수 있는 성인의 일원이다. 그런데도 대학생 자녀들을 초등생 취급을 하여 토익 학원을 부모가 고르고 심지어는 개인 강사까지 부모가 선택하여 짜여진 시간표대로 공부를 하도록 강요하고 있다는 것이다. 우리나라 아이들은 유치원서부터 대학교에 이르기까지 과보호와 과잉 간섭으로 20대가 넘었어도 자기결정권이나 자립심이 결여되어 있어 결정장애나 조절장애에 빠져 무슨 일이고 스스로 해결하지 못하는 일이 비일비재하다. 부모에게 의지하는 소위 '마마보이'가 되어 혼자서 결정을 내리거나 책임지는 훈련 부족으로 사회에 나가서도 잘 적응을 못하기 때문에 성숙한 사회구성원으로 제 역할을 할 수 없는 열외인간이 되어가는 것이다. 사회에서 소외되고 부모나 친구와의 관계가 단절되면 우울증을 앓게 되고 이것이 진전되면 자살이라는 충격적인 극한 상황에까지 직면하는 것이다.

보도에 의하면 서울대 학부, 대학원생의 12.8%가 자살을 생각한 적이 있다고 한다. 그 중 가장 큰 원인이 부모와의 갈등과 과도한 통제 때문이라고 한다. 거기에 더하여 이성과의 교제마저도 좋은 학벌, 부잣집 자녀, 외모 등에 기준을 두고 그런 사람과 교제하도록 강요하고 있는 것이 현실이다. 이성 관계는 사랑과 애정과 포용심, 그리고 장래까지도 두드려 보며 교제를 해야 한다. 성인이 된 자녀들은 부모보다도 더 자신의 짝에 대하여 이리저리 자세히 살펴보는 혜안을 가지고 있다. 물론 부모는 자식의 장래를 위해 좋은 배우자감과 교제를 원하는 것은 당연한 것이고 본인도 그 점을 간과할 리가 없는데 이성교제마저도 부모가 모든 것을 조종한다면 진정한 사랑으로 맺어지는 화목한 가정을 이룰 수가 없다고 본다.

이처럼 어려서부터 성인이 되고 나서까지 부모가 헬리콥터가 되어 자녀들의 일거수일투족을 현미경 들여다보듯이 추적하고 감시한다면 과연 그 자녀가 이다음 정상적인 사회생활과 가정생활을 꾸려나갈 수 있다고 생각할 수 있을까? 전공을 선택할 권리, 사랑을 선택할 권리, 직업을 선택할 권리, 인생 여정을 스스로 택할 수 있는 권리를 누리며 부모의 통제로부터 벗어나 성인으로서의 자기 결정권을 행사할 수 있도록 사회가 변해야 한다. 물론 그 책임은 사회를 경쟁의 도가니로 몰고 가는 국가의 교육 정책, 명예와 황금만능주의에 젖어 있는 사회적 병폐, 자식을 로봇처럼 조정하는 부모들의 극단적 이기주의에 있다.

따지고 본다면 그런 원인의 근저에는 배고프게 살아온 우리 칠팔십대의 보상 심리와 부모님들의 피땀 흘린 노력의 대가로 가난을 모르고 자라온 사오십대들의 지나친 자식 과보호가 만들어낸 합작품이라고 보아도 과언은 아닐 것이다.

따라서 그 책임은 사회 공동의 몫이다. 부모의 간섭과 강요로 학생들이 병들어 간다면 이 나라의 장래는 어찌 될 것인가? 자식들에게 스스로 선택할 수 있는 자유와 자립정신을 가르치고 자기 일은 자기가 책임지는 건강한 성인으로 자라갈 수 있도록 해야 한다. 이제는 부모들의 헬리콥터 식 조종행위를 멈춤으로써 자식들에게 자기 결정권을 돌려주어 이 사회가 건전하고 새로운 질서를 보여주는 공동의 장으로 변할 수 있도록 뜨거운 용광로에 낡은 사고 방식을 용감하게 용해시키자.

(2014. 12. 1)

보릿고개를 잊은 건 아닌지

'Stay hungry, stay foolish.(늘 배고픈 듯 갈망하면서 바보처럼 묵묵히 가라!)'

이 한 줄의 명언은 애플사의 CEO 스티브 잡스가 2005년 6월 미국 스탠퍼드대 졸업식 연설에서 했던 말입니다. 이 말은 전 세계적으로 수많은 사람들의 입에 회자되었고 지금도 창업하는 많은 사람들이 이 말을 인용한다고 합니다.

저는 충남 아주 산골에서, 달랑 우리 집만 외로이 앉아 있는 산기슭 마지막 초가집에서 중고등학교 6년을 매일 왕복 20킬로미터를 뛰어 다니며 공부를 했습니다. 8남매의 다섯째인 나는 전형적인 농촌의 아들로 태어나 여름에는 깡 보리밥을 싸가지고 형과 함께 원거리를 통학하면서 학교에서는 반찬으로 어머니께서 쌓아주신 고추장이 범벅이 된 도시락을 펴는 게 친구들 앞에서 창피해 점심을 거르다가 퇴교 후 집으로 오는 맑은 냇가에서 형과 함께 고추장에 팍 삭아버린 보리밥을 맛있게 먹었습니다.

가난은 임금도 구제하지 못한다는 말이 있고 '눈물 젖은 빵을 먹어 보지 않은 사람과는 인생을 논하지 말라'는 어느 위인의 말도 있었지만 가난은 인생이 가질 수 있는 좋은 경험이자 교훈이 되고 있습니다. 서울에서 가정교사로 고학을 하면서 주인집에서 주는 쌀밥이 어찌나 맛있던지 그때 그 쌀밥 맛은 평생을 잊지 못할 입맛이 되었으며 지금은 현미를 조금 넣어 먹는 사치스러운 입맛이 되었습니다.

프랑스 루이 16세의 왕비인 앙투아네트는 바깥소식과 단절된 채 어찌나 사치스러웠던지 '빵을 달라'는 민중의 소리에 '빵이 없으면 케이크를 먹으면 되지 않느냐'고 세상 물정 모르는 소리를 했다고 합니다. 프랑스 혁명으로 두 손을 결박당한 채 단두대에 올라가면서 병사의 발을 밟아 "죄송합니다. 고의로 그런 것은 아니에요"라고 했다는 그녀는 우아하게 죽음을 맞이하려 했나 봅니다. 그녀도 죽음 앞에서는 하룻밤 사이에 검은 머리가 흰머리가 되었다고 하니 죽음에 대한 공포가 어떤 것인지 짐작이 갑니다.

'의·식·주'라고 하지만 사실은 '식·주·의'라고 해야 맞는 말이 아닌가 생각됩니다. 쌀밥에 대한 오해와 진실은 한때 맑스의 『자본론』에 심취하지 않으면 대학생으로 치지 않게 만들던 시절도 있었습니다. 그것이 얼마나 허황된 꿈이었는지는 역사가 증명하고 있지만 『자본론』은 공산주의라는 유토피아를 꿈꾸게 만들었던 것입니다.

헝그리 정신이 오늘의 한국을 만들었고 그 갈망에 불을 지른 것이 박정희 대통령이라고 나는 생각합니다. 결과의 양면성은 있지만 후세에 역사가 판별해주리라 믿습니다. 우리는 그의 독재를 증오하지만 경제 발전의 초석을 이룩했다는 데는 동감할 것입니다. 많은 독재자가 있었지만 이집트의 낫세르나 필리핀의 마르코스가 독재를 했다고 그 나라가 잘 살게 되었다는 이야기는 들어 본 적이 없습니다. 등소평이나 많은 후진국들이 박정희를 연구하고 새마을 정신을 본받아 경제를 일으키는 원동력이 되었음은 역사적 사실이 이를 증명합니다.

독재와 카리스마는 다른 것입니다. 박대통령이 유신만 하지 않았더라도 경제대통령으로만 기억되었을 것입니다. 세종대왕이나 박정희의 카리스마가 없었다면 지금의 대한민국은 없었을 것입니다. 나는 보릿고개를 넘기고 일찍 쌀밥을 배불리 먹게 해준 분들께 고맙게 생각합니다. 말년의 독재나 여성문제 등으로 잡음을 일으킨 것은 크게 잘못입니다. 그러나 우리는 눈 안의 티끌보다는 들보를 잊고 있는 것이 아닌가 하는 생각에 입맛이 씁

쓸해집니다. 그래서 누가 뭐래도 나는 박정희 대통령을 존경합니다. 가난은 임금도 구제하지 못한다고 했지만 5,000년을 배를 곯으며 살아온 우리 민족에게 쌀밥을 배부르게 먹을 수 있도록 해준 대통령은 박대통령밖에 없기 때문입니다. 민생은 민주보다 먼저입니다. 민주주의를 해온 전임 대통령은 쌀밥을 배불리 먹게 해주지 못했지 않습니까?

지금의 젊은 세대는, 우리 같은 산업세대들이 있었기에, 자신이 고생한 것을 자식들에게 넘겨주지 않으려 한 60~70대들의 피나는 노력과 희생이 있었기에 편안하게 살아온 요즈음 젊은이들은 보릿고개를 무슨 산고개로 착각을 하고 있습니다. 배가 고파 보아야 합니다. 그래야 인생이 무엇인지 조금은 깨달을 것입니다.

(2014. 4. 8)

나의 고대 4·18 의거 참여기

4·18 고대생 의거가 일어났던 그날, 나는 가정교사를 하던 순화동 집에서 라디오 뉴스를 듣고야 모교생들이 태평로에 있는 국회의사당 앞에서 3·15 부정선거를 규탄하는 대규모 데모를 하고 있다는 소식을 알게 되었다. 나는 급히 발길을 재촉해 의사당 앞으로 향했다. 의사당 앞에는 이미 수천명의 모교생들이 연좌하여 구호를 외치고 있었다. 주변에는 만여명의 군중들이 모여 이 시위를 지켜보면서 때로는 박수를 치고 한편으로는 근심스러운 눈으로 이들을 바라보고 있었다. 이미 대규모 부정선거로 정부통령을 선출했던 자유당 정권은 정권 유지를 위하여 어떤 과격한 대응을 할지도 모른다는 우려가 짙게 깔려 있었기 때문이었다.

내가 도착했을 때는 마침 이철승 선배님께서 "후배 여러분들의 뜻은 충분히 표현되었다. 뒷일은 우리에게 맡겨 놓고 이제 더 이상의 불상사가 일어나지 않도록 학교로 돌아가라"고 설득을 하고 있었다. 그래도 모교생들이 자리를 뜨지 않자 이를 지켜보던 유진오 총장님께서 단상에 올라 "제군! 이제 여러분의 뜻은 충분히 표출되었다. 여러분의 의사를 관계기관에 반영하겠으니 시위는 여기서 멈추고 학교로 돌아가자"고 간곡한 호소를 하셨다. 그때서야 학생들은 자리에서 일어나 구호를 외치고는 스크럼을 짜고 대오를 정비하여 경찰이 인도하는 을지로 길을 따라 학교를 향해 돌아가기 시작하였다. 이때는 이미 해는 넘어가고 사방이 어두컴컴해지기 시작하였다. 양편 길을 지나가던 시민들은 박수로 우리의 시위를 격려하였다.

을지로 4가를 돌아 종로 방향으로 경찰차가 선도를 인도하자 학생들도 무심코 뒤따라 종로4가 쪽으로 방향을 틀었다. 지금 생각하면 계획된 인도로 생각된다. 학생들의 시위는 간간이 구호를 외칠 뿐 질서정연하고 평화롭게 진행되었다. 얼마를 지나 천일백화점(현 광장시장 부근) 앞을 지날 때였다. 그때가 9시쯤 되었을 것이다. 갑작스레 선두에서 비명소리가 들리고 대오가 허물어지기 시작하였다. "깡패다!" 하는 소리가 나며 학생들이 사방으로 흩어졌다. 나는 마침 중간쯤에서 스크럼을 하고 뛰어가다가 비명소리가 나고 학생들이 이 골목 저 골목으로 몸을 피하자 엉겁결에 백화점 주변에 있던 시장(현 광장시장으로 기억)으로 뛰어들어 갔다. 수십명의 학생들이 시장 안으로 뛰어들었고 마침 문을 닫으려 하던 시장 상인들이 깜짝 놀라며 몸을 피하러 온 학생인 줄 알고 가게 안으로 몸을 숨기라며 숨을 자리를 마련해 주었다.

학생들은 "우리는 숨으려고 온 학생들이 아니고 깡패들과 싸우려는 사람들이니 무기로 사용할 만한 물건을 달라"고 외쳤다. 상인들은 그 아수라장인 상황 속에서도 당황하지 않고 상점의 차일을 받치고 있던 각목을 떼어내 주기도 하고 마루 밑에 있던 널빤지와 각목을 찾아 손에 쥐어주며 "학생들 몸 조심해" 하고 우리들의 안위를 걱정해 주기도 하였다. 민심이 천심임을 실감할 수 있는 순간이었다. 상인들은 바로 눈앞에서 벌어진 깡패들의 습격 장면을 생생히 보고 들은 증인들로 우리와 함께 분노를 느끼고 있음이 분명했다.

다음날 안 사실이지만 그 깡패들은 이정재, 유지광 등이 동원한 대한반공청년단 소속 정치깡패들 100여명이었고 당시 현장에서는 수십 명의 본교생들이 피를 흘리며 쓰러져 있었다. 자유당 정권의 붕괴로 이어지는 도화선이 평화롭게 행진하는 본교생들의 습격사건에서 발발하여 4 · 19 혁명으로 이어지리라고는 자유당 정권에서는 미처 예기치 못했을 것이다. 조선일보사 기자가 죽음을 무릅쓰고 찍은 깡패 급습 사진 한 장이 다음날 조간신문을 장식하자 서울의 대학교와 고등학생들은 거리로 뛰쳐나왔고 시민들은 박수로 학생시위를 응원하였다. 그리고 4·19혁명의 도화선이 된 것이다.

시장에서 잠시 몸을 피했다가 상인들로부터 얻은 각목을 들고 본교생 수십명이 바깥으로 뛰쳐나왔을 때는 이미 사건 현장은 정리되었고 여기저기서 나타난 본교생들이 다시 대오를 정리하고 있었다. 우리도 그 대열에 끼어 스크럼을 짜고 다시 학교를 향해 뛰어가고 있었다.

나는 공연히 군중심리에 도취된 듯 끓어오르는 분노를 참을 수가 없어서 대오를 뛰쳐나와 구호를 선창하기 시작하였다. 평소 내성적인 내 성격에서 어떻게 그런 용기가 생겼는지 나도 놀랄 지경이었다. 신설동쯤에서 또다시 깡패들이 나타나지 말라는 법이 없지 않은가. "기성세대는 각성하라", "부정선거 다시 하라", "독재를 타도하자" 하고 선창하면 학생들은 목청이 터지도록 이 구호를 따라 후창하였다. 캄캄한 밤하늘을 타고 메아리치는 학생들의 함성은 자유당 정권의 말로를 예견하는 조종소리와 같았다.

드디어 우리는 무사히 학교 교문으로 들어섰다. 만세삼창을 끝으로 시위를 끝냈다.

자유·정의·진리로 대변되는 모교의 교훈이 행동하는 지성으로 표출되어 1960년 4월의 역사를 다시 쓰는 순간이었다.

2013. 1. 5(시인, 59학번 경제학과 졸업)

*이 글은 고려대학교 4·18의거 실록 편찬위원회 발행 『고려대학교 4·18의거 실록』에 수록된 글임.

제3부
코드 55

코드 55

신호나 몸짓을 통해 쌍방 간의 의사를 교환하거나 비밀리에 작전을 주고받는 예는 요즘 운동경기에서 흔히 볼 수 있다. 특히 야구에서 감독이나 코치가 자기 선수들에게 현란한 사인으로 작전을 지시하는 예는 하나의 볼거리로 진화하였다. 여기에 더하여 투수와 포수가 사타구니 아래로 주고받는 몸짓에서 웃음을 자아내는 경우도 스포츠의 재미를 더하는 명장면이다.

숫자로 된 암호를 난수표라고 한다. 흔히 스파이가 쓰는 부호다. 어릴 적 '쓰 쓰 또또…' 하고 모르스 부호로 전황을 주고받는 전쟁 이야기나 간첩 활동 내용이 담긴 실화에 대단한 흥미를 느낀 적이 있었다. 숫자나 특수한 문자, 부호가 묘한 매력이 있어서 암호로 사용된 경우가 많은데 00작전이나 00계획 등이 좋은 예다.

얼마 전 모 일간지에 소개된 병원과 관련된 기사를 보니 재미있는 내용이 실려 눈길을 끌었다. 즉 최근 미국의 정치전문지 《폴리티코》에 한 전문 의학기자가 기고한 「간호사의 세계를 통해 알아낸 미국 의료계의 비밀」이라는 글이 소개되었는데. 알렉산드라 로빈스라는 이 기자는 이 기고문에서 환자들이 잘 모르는 병원의 비밀을 간호사의 말을 통해 몇 가지 재미있는 사실을 공개하였다.

다섯 가지 예로 소개된 내용 중 내 흥미를 끈 것은 의사가 자기들끼리 주고받는 은어가 있다는 신비함이었다. 즉 그 내용을 여기에 소개해 보면

'환자가 모르는 암호가 있다. 엄청난 고통에 시달리거나 불치병에 걸린

상당수 환자들은 심폐소생술을 하지 말라고 부탁하지만 가족들은 가급적 살려달라고 통사정한다. 환자와 가족 사이에 끼인 의료진은 심폐소생술을 시도하되 기준에 미달하는 정도만 하는 절충을 택하기도 한다. 통상 심폐소생술 코드 중 적극적으로 사람을 살리는 심폐소생술은 '코드 55' 라고 하며, 소극적 심폐소생술 코드는 '슬로우 코드' 또는 '코드 54' 라고 한다.' 라는 대목이다.

나는 이러한 암호가 병원에서 의사나 간호사들끼리 비밀리에 주고받아야 할 선의의 필요악이라고 본다. 환자나 환자 가족들이 궁지에 몰렸을 때 직설적인 설명을 하기보다 자기들끼리 은어를 통해 처치 방법을 정하고 가족이나 환자가 눈치 채지 못하게 암호를 주고받으며 치료를 한다면 당사자들이 느끼는 공포는 훨씬 가벼워질 수 있을 것이다. 생사와 직결되는 가장 민감한 순간에 의사들이 이렇게 우회적인 암호로 환자를 치료하는 것이 '모르는 것이 약이다' 라는 측면에서 보면 가족이나 환자에게 훨씬 큰 도움과 위안을 줄 것이라는 생각에서 은어의 소중함과 고마움을 한껏 느껴 본다. 한편으로는 내가 그와 같은 생사의 기로에 직면했을 때 만약 '코드 55' 라는 은어를 알고 있는데 의사가 '코드 55' 라고 말한다면 얼마나 기쁘고 감격스러울까.

일상생활에서도 이런 은어와 암호가 절실함을 느낄 때가 많다. 말할 때도 마찬가지라고 본다. 우리가 쓰는 일상의 말이라는 게 참 묘한 데가 있어서 말하는 의도에 따라 다르다. 그래서 일상생활에서 남과 다툼을 주고받을 때 "이봐요, '아' 다르고 '어' 다른 겁니다."라는 말을 흔히 쓴다. 억양이나 몸짓, 눈빛이나 표정에 민감한 우리들, 특히 성질이 급하기로 이름난 우리 국민들에게는 아무렇지도 않은 말 하나하나에도 엄청난 신경을 쓴다. 그래서 작은 싸움이 큰 싸움이 되고 목청을 낮춰도 될 텐데도 큰 소리가 오고 간다. 그래서 참을 인(忍)을 세 번 새기면 살인도 면한다는 말이 있다.

말은 어떻게 순화해서 전달하느냐에 따라 감정의 이합집산이 다르다. “이봐 당신 말 다했어?”라고 말하면 듣는 사람이 기분이 나쁘지만 “말씀이 좀 지나치십니다.”라고 말하면 듣는 상대방이 기분이 좀 누그러진다. 그게 언어의 묘미다. 같은 말이라도 이렇게 상대방의 기분을 상하지 않게 전달하는 방법이 있다.

의사가 “당신 아내는 곧 죽습니다.”라고 말하는 대신 “아무래도 사모님께서 다시 일어나시기는 힘들 것 같습니다”라고 우회적인 표현을 쓴다면 듣는 사람의 마음이 좀 편한 게 사실이다. 그게 바로 ‘간접 화법’이요 ‘착한 화법’이다.

총으로 공포만 쏴도 죽는다는 연구 결과가 있다. 만약에 오늘 내일 하는 환자 보고 이제 죽을 준비를 하십시오, 라고 직설적으로 말하기보다 “목숨은 신만이 압니다. 최선을 다하겠으니 좋은 결과가 나올 수 있도록 기도합시다.”라고 말한다면 비록 자기 죽음을 예측한다 해도 일말의 기대와 삶에 대한 희망을 가질 것이다.

우리는 극작가 오 헨리의 「마지막 잎새」라는 단편소설을 기억한다. 소녀의 죽음을 예견한 한 화가가 소녀가 앓고 누어있는 침실 문밖의 나무에 외롭게 매달려 있는 한 잎의 나무 잎새를 페인트로 그려 놓아, 매일같이 지지 않고 매달려 있는 그 마지막 잎새를 보며 하루하루의 삶을 이어간다는 감동적인 글이다.

죽음이란 누구에게나 공포의 대상이다.

나는 오래전 꽃상여를 타고 요령을 흔들며 구슬프게 외치는 선소리꾼의 선창에 맞춰 상여꾼들이 후창으로 들려주는 상여소리를 따라 이 세상의 하직 길에 오르시던 할아버지 · 할머니 · 아버지 · 어머니의 마지막 배웅 길을 잊을 수가 없다.

일본 도호대학 의료센터 연구팀은 “죽음은 인간에게 마지막까지 가장 큰 스트레스임을 의미한다.”고 발표했다. 공자는 제자인 자로(子路)가 죽음에 대해 묻자 다음과 같이 대답하였다. "삶에 대해서도 모르거늘 어찌 죽음에 관하여 알겠는가(未知生 焉知死)!" 이것은 남아 있는 삶을 치열하게 살아가다보면 죽음을 생각할 겨를이 없다는 것을 깨닫게 해주는 말이 아닐까.

그런 의미에서 '코드 55'는 망망대해를 밝히는 등대와 같은 존재다. 죽음으로부터 구원을 받는 이 한마디야말로 모든 환자에게 희망을 주는 구세주와 같은 것이다. 의사들만이 주고받는 암호인 이 은어가 생명의 꽃을 피우는 희망의 메시지로 자리매김하는 날 우리는 또 한 편의 드라마 같은 삶을 연장할 것이다.

광고 카피는 간단하면서도 연관적으로 무언가 퍼뜩 떠올라야 효과가 있다. 촌철살인이 생명인 것이다. 나는 '코드 54'나 '코드 55' 같은 은어가 사람을 기분 나쁘지 않게 상황을 설명하고 있다는 점에서 아주 필요한 암호가 아닌가 생각해 본다.

'숨어 있는 1인치를 찾아내는 적극적인 부활의 삶'이며 생명을 연장하는 '기적의 삶'인 '코드 55'는 인생의 벼랑에 선 사람이 가장 듣고 싶은 말이 아닌가 싶다. 그리하여 황혼 길에 접어든 우리라 할지라도 희망을 갖고 새로운 욕망을 꿈꾸게 하는, 생명을 지키는 지렛대로 가슴에 품어야 할 귀중한 상징인 것이다.

지금 '코드 55'는 내 남은 날들의 사랑 앞에, 문학 앞에, 가족 앞에, 푸른 불빛으로 켜져 있는 신호등이라 믿는다.

(2015. 8. 30/ 2015. 10. 10 보필)

불편한 진실

우리나라에서 아이들이 공부를 잘하여 출세하는 지름길이 무엇인지 아십니까? 무슨 수수께끼 같은 질문이지만 그 정답을 제시하고 나면 "아~ 정말 그럴 듯하네" 하고 무릎을 칠 사람들이 많을 것입니다.

요즘 강남의 학부모들 사이에서 우스갯소리로 회자되고 있는 유행어가 하나 있답니다. 칠십이 넘은 노인들이 듣고 나면 웃음이 나기보다는 참담한 심정이 드는 사람이 더 많지 않을까 하는 생각이 들 정도로 현재의 사회상을 빗대고 있습니다. 그 정답인즉 아래의 세 개의 조건에 부합되어야 아이들이 일류대학에를 갈 수 있고 일류대학을 나와야 성공할 수 있다는 논리로 상류층 사회에서는 널리 알려진 불편한 진실입니다.

첫째는 어머니의 치맛바람이고, 둘째는 아버지의 무관심이며, 셋째는 할아버지의 경제적 능력이라는 것입니다. 이를 하나하나 분석해 보면 아주 그럴듯한 한편의 참고서가 된다는 데 모두가 고개를 끄덕이지 않을 수 없습니다.

첫째는 어머니가 어느 학원의 어느 선생님이 능력과 실력을 갖추고 있는가를 수소문하고, 담임선생님에게 어떻게 해야 점수를 잘 딸지를 연구하며, 누구네는 어떻게 공부를 시키고 있는지 등의 정보력을 갖추고 설치는 어머니가 되어야 한다고 합니다.

둘째는 아이들을 어떻게 가르치고 공부시키는지 일체 관심을 갖지 말고 돈만 충실하게 벌어 오는 아버지가 되라는 것입니다. 모든 교육방법을 어머니에게 맡기고 아이들을 어떻게 교육을 시키는지, 성적이 오르는지 떨어지는지 등에 대해서는 일체 관심을 접으라는 것입니다.

셋째는 가장 핵심적인 사항으로 할아버지가 얼마나 돈을 많이 가지고 있느냐가 아이들의 장래를 좌우한다는 것입니다. 즉 할아버지가 부자여서 끝까지 뒷받침을 할 수 있느냐 없느냐 여부가 출세로 가는 중요한 열쇠의 하나라는 사실입니다. 1970년대 고도성장의 주역으로서 서독에서, 열사의 중동에서, 정글의 월남에서 피와 땀과 눈물을 쏟았던 지금의 칠팔십대 할아버지 세대로서는 100세 시대를 눈앞에 두고 노후자금 마련조차 힘든 형편으로 달랑 집 한 채 가지고 쥐꼬리만 한 연금으로 생활하는데 손주들 뒷바라지를 어찌 할 수 있을까요?

옛날에는 가난해도 공부를 잘해 고시에 합격하면 출셋길이 열리는 소위 '개천에서 용이 났던 시절' 도 있었습니다. 그러나 지금은 돈이 젊은이들의 장래를 좌우합니다. 최근 한 연구소에 따르면 2013년 40대 연령층의 월평균 가처분 소득 대비 교육비 지출이 13.1%를 차지하고 있어 평균 소비지출 265만 3,600원 대비 교육비 지출이 34만 8,400원에 이르고 있어 교육과 노후 대비라는 양축을 함께 끌고가기도 벅차니 할아버지에게 손주들 등록금이나 유학 비용을 은근히 기대는 자식들이 많을지도 모릅니다. 말이 35만 원이지 실제로는 수백만 원을 쓰는 부자들도 많고 심지어는 아들딸을 돌봐주는 전속 매니저까지 두는 부모도 있다고 합니다.

그러나 실제로 대부분의 중산층은 경기 침체로 살림살이가 빡빡하여 생활비나 레저비를 아껴 아이들 과외비 대는 데 허리가 휜다고 합니다. 특히 소비 감소 현상은 전 연령대에서 두루 나타났다고 하는데 그 중에도 60대와 70대는 감소 폭이 더욱 두드러져 나이가 들수록 돈 가뭄이 심하다고 하니 한참 자식들을 교육시켜야 할 사오십대의 가장들은 은근히 부모님들의 도움을 기대하는 현상도 없지는 않을 듯싶습니다. 만혼 현상이 나타나고 한 자녀밖에 낳지 않아 앞으로는 노동력 부족 현상도 심화될 듯싶으니 다문화가정을 더욱 늘리는 이민정책의 모색이 불가피할 것으로 생각됩니다.

우리나라는 8년째 국민소득 20,000달러 시대에 머물러 2013년 26,205달러라고 하니 3%대 예상 경제 성장률을 감안할 때 금년에야 30,000달러 찍는 원년이 될 듯싶습니다. 30~50클럽(인구 5,000만에 국민소득 30,000달러를 돌파한 나라)에 5,000만이 안 되는 캐나다를 빼면 우리나라가 7번째 순위에 듭니다. 일제 36년의 수탈과 6·25 전화를 이겨내고 30~50클럽에 들 가능성이 보이는 나라가 된 데 대해 국민으로서 자긍심을 가져도 좋다고 생각합니다. 하지만 삼성, 현대자동차 등 4대 그룹이 GDP의 25%를 차지하는 등 빈부격차의 심화와 재벌의 비대화, 소득의 양극화를 초래하여 노사 갈등과 국론 분열로 국력을 소모하고 있는 현상은 참으로 안타까운 일입니다.

우리나라의 대학 진학률은 80%에 달해 세계 최고수준을 달리는 학력 인플레시대에 살고 있습니다. 선진국에 비해 유독 우리나라 대학 진학률이 높은 것은 사회구조가 잘못되었기 때문입니다. 그 중에서도 교육 정도에 따라, 학교 우열에 따라 인간의 서열화가 이루어져 너도나도 대학에 들어가야 한다는 과도한 학력 중시 풍토가 오랜 기간 동안 일반화되어 온 데서 대학 진학 열풍이 생겼다고 보아야 할 것입니다. 연봉·고용·결혼·친구·인간관계까지도 학력과 불가분의 관계를 형성하고 있습니다.

일본은 명문대를 나와도 가업을 계승하는 것이 하나의 문화로 정착되어 왔습니다. 장인 정신이 투철하여 가업을 계승하는 것을 최대의 가치로 생각하고 절대로 부끄러워하지 않습니다. 그러니 가업 계승을 위해 꼭 대학에 진학해야 할 필요성을 느끼지도 않을 것입니다. 대학에서 배운 학문은 교양으로, 대학 친구들과 선후배들은 학연을 통해 사업을 하는 데 끈끈한 자산으로 활용하는 것입니다.

우리 세대는 지금 '국제시장 세대', 안정된 직업을 가진 '완생 세대', 그리고 취직을 못 했거나 비정규직으로 근무하고 있는 '미생 세대'로 크게 삼분되어 있습니다. 70·80세대는 오늘의 한국이 있게 한 초석으로 '국제시장 세대', 40 · 50 · 60세대는 오늘을 받치고 있는 기둥으로 '완생 세대', 20 · 30세대는 하늘을 가리고 있는 지붕으로 '미생 세대'의 삶을 각각 살아가고 있습니다. 따라서 자식이나 손주들의 교육비를 직접 조달하거나 지원해 줄 수 있는 세대는 40 · 50 · 60 · 70 · 80세대로 보입니다. 이 중 70 · 80세대가 손주들의 과외비나 유학비를 지원해 줄 수 있는 능력이 있는 세대인데 거의가 직장에서 퇴직한 이들 세대들이 과연 얼마나 손주들의 교육비를 지원해 줄 수 있는지 의문입니다. 자신들의 노후 생활비도 조달하기 어려운 노인들이 대부분인데 손주들의 뒷바라지를 할 수 있는 할아버지가 과연 얼마나 될까요?

자식들의 출세에 목숨을 걸고 있는 엄마야 치맛바람을 날리고 아빠는 이에 무관심하라고 말할 수 있겠지만 할아버지는 노후생활은 어쩌라고 할아버지의 재정 능력을 필요 조건에 포함시키고 있는 것인가요? 30,000불 시대라지만 저축도, 연금도 없는 할아버지에게 재정지원을 기대하는 자식이나 며느리는 어느 나라에서 온 사람들인가요? 아무리 시중에 유행하는 우스갯소리라지만 손주들에게 큰 도움을 줄 수 없는 할아버지들의 자존심을 건드리는 이런 불편스러운 농담이 행여 진담으로 유행할까 두렵습니다.

(2015. 3. 10)

행복이라는 말

L형!

보내준 「행복이란 초콜릿을 아껴먹는 거래요」라는 제목의 수필(미주 한국일보 게재) 잘 받아 읽었습니다.

특히 글 전체를 사랑하는 연인이자 아내에게 바치는 사부가(思婦歌)를 읽으면서 어쩌면 나보다 더 큰 슬픔으로 심적 고통을 겪었을 거라는 생각에 가슴이 뭉클하였습니다. 내가 오늘 이 편지에서 말하고자 하는 것은 우리의 순박한 인연이 결코 우연만은 아니었다는 점을 강조하고자 함에 있는 것입니다. 대학교 동기동창이면서 대학신문사에서까지 함께 일했던 L형은 대학시절 나를 늘 작은 콤플렉스 안에 가두어둔 선망의 대상이자 나의 경쟁자로서 동경의 대상이기도 하였지요. 같은 시골 출신으로 명문 사립인 고려대학교에 그것도 법과와 경제학과라는 일류 학과에 합격한 것도 비슷하고, 글을 좋아하는 취미도 비슷하고, 나란히 편집국장을 한 것도 비슷하고, 열렬히 연애한 경험도 비슷하고, 군 제대 후 'H정경연구소' 에 잠시 함께 일했던 동료로서의 인연도 비슷하고, 남에게 지기를 싫어하는 성격까지도 비슷했던 아주 가까웠던 우리 둘 사이였던 것을 잊지는 아니하였겠지요?

고등학교 때 조선일보 주최 신춘문예 논설 부문에 입상하였던 L형의 실력은 대학 입학 후 고대 학술지인 《고대문화》에 「자유론」이라는 논문을 실려 이미 화려한 논객으로 승승장구하였고 미국 이민 가서는 1년여를 미주 《한국일보》에 칼럼을 연재했던 에세이스트이자 칼럼니스트이기도 하였습니다. 그리고 정년이 없는 미국에서 아직도 현직에 머무르고 있는 L형이 참으로 부럽고 존경스럽습니다.

나는 정년 후에 《현대시조》에 투고한 시조 「억새」가 신인문학상에 당선되어 등단, 3권의 시조집을 내놓으면서 시조시인이라는 명함 하나를 더 얻게 되었습니다. 같은 글쟁이로 죽을 때까지 함께 글을 쓸 수 있다는 것은 어쩌면 우리 둘 사이를 있는 연결고리이자 노년세대에 큰 행운이라고 생각합니다. 죽는 날까지 펜을 놓지 않으면서 L형은 미국에서, 나는 한국에서 글을 쓰면서 글로서 서로를 보는 듯이 우정을 이어가기를 기원하겠습니다. 글에서 설명하셨듯이 "행복이란 초콜릿을 아껴 먹는 거"라고 말한 연애시절의 L여사의 말이 무슨 금언처럼 가슴에 와 닿습니다. 초콜릿을 한꺼번에 으드득 깨물어 먹으면 즉각 달콤함과 포만감을 함께 느낄 수 있겠지만 한 쪽씩 쪼개어 먹는다면 초콜릿에서 풍겨 나오는 은은한 향기를 그녀의 체취처럼 오래 간직할 수 있기 때문에 더 해피하고 플라토닉할 거라는 생각이 듭니다. 행복이란 무슨 꿈 같은 파랑새가 아니라 바로 우리 곁에 있는 텃새 같은 것입니다.

노자는 인간의 덕목 중에서 낮은 곳으로 흐르는 겸손을 강조했는바 행복이란 바로 시냇물처럼 막히면 돌아가고, 웅덩이가 있으면 쉬어가고, 샛강이 있으면 나누어줄 줄 아는 덕목에서 출발한다고 봅니다. 행복은 서두르지 않고 오래 견디는 것이며 오래 견딤으로써 쉽게 식지 않는 화롯불과 같은 것입니다. L형이 고려당파라면 나는 장충단공원파입니다. 사실 우리가 젊었을 적에는 연인들이 만나서 사랑을 속삭일 수 있는 장소가 빵집 아니면 공원밖에 없었습니다. 다방도 있었지만 빵집에서 한 끼 식사를 해결하고 무작정 걷는다거나 빵 2개를 사들고 공원에 앉아 하나씩 나누어 먹으며 사랑을 키운다거나 하는 것이 보편적이었습니다. 그처럼 가난하고 소박하게 사랑을 나누었던 것이 그때의 연애상이었습니다.

L형!

형도 아다시피 내가 지금의 아내와 결혼하게 된 것은 전적으로 L형의 아이디어가 결실을 맺은 걸작품이었습니다. 크리스마스 이브에 한 그림을 두개로 오려 남녀가 하나씩 갖고 있다가 짝이 맞는 사람끼리 파트너가 되는 일종의 또 뽑기였는데 우연히도 나와 아내가 전화 그림 반쪽씩을 갖고 있어서 서로 파트너가 되었고 그 만남이 인연이 되어 순애보 같은 사랑으로 발전하여 결국 둘이서 결혼을 하기까지에 이른 것임은 잘 알고 있지 않습니까? 우리 두 사람의 사랑은 무교동을 들썩이게 했지요. 6개월을 하루도 빼놓지 않고 만나던 열혈맨이 되기도 하였습니다. 사랑에 미치면 아무것도 눈에 보이지 않습니다. 오직 사랑하는 상대방만 보입니다. 그리고 만인의 축복 속에 L형이 사회를 보고 K전장관님이 주례를 선 가운데 우리는 행복한 결혼식을 올리게 되었지요. 그렇게 행복의 첫 문을 연 지도 벌써 48년이 지나가 2년 후면 금혼식을 맞게 됩니다. 돌이켜 보면 L형 부부가 첫 아기를 안고 신당동 우리 집에 놀러 왔을 때 우리 두 쌍의 부부가 가장 행복했던 시절이 아니었나 생각됩니다.

그리고 L형은 미국으로 공부하러 떠났고 나는 아이 셋을 낳아 장성한 아들딸로 키우던 중 어느 날 신문 사회면에 1단 기사로 난 L여사의 비보를 접하고 '어떻게 저런 일이…' 하고 입을 다물지 못하고 L형과 가족들의 마음이 얼마나 슬플까 하는 생각에 집사람과 함께 인생무상을 느꼈지요. 그러던 중 1998년 2월 23일 새벽 나는 연세대 학생과장이라는 사람으로부터 막내의 갑작스러운 사고사 소식을 전화를 통해 듣게 되었지요. 그때 아들의 나이 28세. 졸업식을 하루 앞두고 그렇게 허무하게 세상을 떠났습니다.

L형 부인의 뜻하지 않은 별세와 내 아들의 죽음을 대하면서 갑자기 행복이라는 단어는 쑥 들어가고 대신 불행이라는 새로운 세상에 직면하게 되었습니다. L형의 행복했던 연애시절을 회상하는 글을 보면서, 그리고 행복했던 내 가정을 돌아보면서 "행복이란 그렇게 먼 곳에 있는 거구나" 하

는 생각과 함께 행복을 누린다는 것이 얼마나 힘든지를 다시 돌아보는 계기로 삼았습니다. 하느님은 사람에게 늘 행복한 순간만을 가져다주는 것이 아니라는 사실을 경험을 통해 의식하면서도 하필 왜 L형이나 나에게 그런 불행이 닥쳤는지를 원망도 해 봤습니다. 그러나 헤밍웨이의 『바다와 노인』에서 어부가 외치는 '패배는 없다. 다만 파멸이 있을 뿐' 이라는 대사가 귓가를 맴돌고 있습니다. 앞으로 살아갈 생만이라도 남은 가족과 함께 즐겁게 사는 것도 자그마한 행복이 아니겠는가 생각해 봅니다. 그게 이제 남은 마지막 축복이자 행복이라고 생각합시다. 그리고 이제는 건강을 챙기는 데 올인하도록 생의 목표를 정합시다

(2015. 1. 23)

아내의 강남 스타일

아들과 딸을 따라 강남으로 이사 온 지도 어언 1년 5개월이 되었다. 목동에서 이사 왔으니 강남이라야 별거이겠느냐고 생각했지만 사실 집값만 비슷할 뿐이지 교통이나 문화, 예술, 의료, 도로, 음식점, 학원, 인프라 등은 천양지차다. 1970년대 정부가 신도시로 강남을 개발했을 때 강남에 불던 투기 열풍은 정말로 엄청났다. 그 아수라장을 나는 직접 보았다. 샀다 팔았다 할 때마다 이문이 남아, 돈이 돈을 벌고 돈 없는 사람은 그 치솟는 부동산값만 쳐다보면서 부익부 빈익빈이 무엇인지 눈으로 보고 귀로 들어서 배우는 경제와 삶의 '현장 강의' 요 '현장 체험' 이었다.

대부분 돈이나 권력이 있는 사람들은 강남에 터를 잡았고 개발도시답게 도로도 넓고 빌딩이나 아파트도 고층으로만 지어 그야말로 도심 속의 부유도시이다. 강남구 땅값은 얼마 전 10조 5,500억 원에 낙찰된 한전 부지의 올해 공시지가가 평당 6,428만원이라고 한다. 공시지가가 시중 가격의 70% 정도 되는 것을 감안하면 실거래가는 평당 9,200만 원에 이른다는 얘기다. 강북의 싼 아파트 전세 값과 맞먹는다.

국내 총 차량은 2,000만 대이고 이중 외제차 비율은 5%인 100만 대에 이른다고 한다. 강남거리를 지나다 보면 아우디, 벤츠, BMW, 렉서스, 혼다 등 최고급 외제승용차를 흔찮게 본다. 곳곳에 수십층짜리 고층건물들이 즐비하고 10억대가 넘는 아파트들이 수두룩하다. 가구당 월평균소득이 4/10가구 평균 500만 원을 넘고 사교육비는 월 122만 원이며 출산율은 0.88로 가장 낮으며 자신이 '중' 이상이라고 생각하는 사람이 구민의

72.9%나 되어 실제로 한국을 좌지우지하는 정치적 · 경제적 · 사회적 상위 그룹의 대부분은 강남에 살고 있는 셈이다.

우리는 얼마 전 전 세계적으로 이름을 떨친 싸이의 〈강남 스타일〉을 잘 기억하고 있다. 그렇다면 열풍을 일으킨 '강남 스타일'은 진짜 무엇인가?

첫째가 고소득, 둘째가 사교육, 셋째가 외모 지상주의자들이 강남에 몰려 살면서 신이 나서 말춤을 춘다는 현재 사회의 해학을 패러디화한 것이다.

그러면 강남 스타일이 왜 이리 단시간에 세계적으로 열풍을 일으켰는가?

미국에서 촬영된 유튜브 동영상 〈미국을 뒤흔든 강남 스타일, 그 인기비결을 파헤친다(Gangnam Style Sensation)〉를 보면, '첫째 강남 스타일은 기억하기 쉬운 춤(Catchy Song), 둘째 강남 스타일은 재미있는 춤(Funny Dance), 셋째 강남 스타일은 아주 우스운 비디오(Hilarious Video)라는 것이라는 점이다'라고 한 미국 대학교수가 평했다고 한다. 다시 말하면 강남 스타일이 극히 일부이지만 강남사람들이 부동산 투기나 부정 · 세금 포탈로 돈을 벌고 그렇게 번 돈을 향락과 자기치장 등 소비문화에만 쓰고 있음을 자기 비하를 통해 통렬히 꾸짖고 있다는 것이다. 졸부들이 모여 향락의 도시, 강남을 만들었다는 데 방점을 찍고 있다. 이 노래가 대히트한 미국은 물질적이고 외모지상주의가 팽배한 개인주의 국가이다. 어찌 보면 서울의 강남은 부의 중심지요, 권력의 중심지요, 보수의 중심지라고 꼬집고 있는 것이다. 그래서 기억하기 쉽고 웃기며 재미있기 때문에 강남 스타일이 한국어를 몰라도 몸짓 하나, 웃음 하나, 분노 하나하나에서 가수가 던지는 메시지에 자기를 함몰시켜 세상을 조롱한다는 것이다.

그러고 보니 못 사는 사람이 더 많은 세상에서 잘 사는 사람들을 콕 찍어 분노하는 이 음악에 빠져들어 공감할 수밖에 없는 것이다. 비교한다면 제3대 대통령 후보로 나선 해공 신익희 후보의 한강변 유세에 당시로서는 상상하기 힘든 30만의 인파가 모여 독재자 이승만의 재집권을 반대하는 국민의 일치된 결기를 보여준 것과 무엇이 다르겠는가.

특히 지금은 정치권의 횡포가 도를 넘었고 부의 대물림에 의한 빈부 격차는 더욱 심화되고 동서갈등, 폭력세력의 난무, 이익 집단의 욕구 분출 등 사회 전체가 난파 직전의 위기에 처해 있는데, 일부 보수주의자와 부자들은 눈 하나 까딱 아니하고 현실에 안주하고 있다. 강남은 그래서 서민들에게는 희망이자 질시의 대상으로 꼽히고 있는 것이다. 누구는 권력을 잡고 호사하며 향락 속에서 떵떵거리며 살고 싶지 않은 사람들이 있겠는가?

그런 강남에 내가 들어와 살고 있다. 꿈만 꾸던 강남 입성을 아들딸이 밀어붙인 결과로 나도 강남사람이 되고 만 것이다. 그러나 강남사람이 되었다고 좋아진 것도 없다. 아들딸과 손주들을 자주 만난다는 사실 외에는 강남에 살다 보니 오히려 돈도 더 들고 물건 값도 비싸고 공기만 혼탁하다. 다만 친구들이 어디 사느냐고 하면 “응 강남에 살아!” 그리고 “무슨 동?” 하고 물을 때 “대치동에 산다”고 대답하면서, 그동안 받지 못한 대접을 받는 듯싶어 조금은 주름살이 펴지고 우쭐하는 자기만족을 얻을 때도 있다.

사실 내 친구나 아내 대학동창들이 대부분 강남에 살고 있다. 아내는 그래서 동창들도 강북 모임과 강남 모임으로 나뉘어져 있다. 그렇게 착한 아내마저도 그동안 동창 모임에 나가는 것을 꺼렸다. 특히 고등학교 동창들은 시집을 잘 가서 전부 부자나 권력자의 아내가 되었기 때문에 더욱이 안 나가려고 한다. 그것이 모두 크게 출세하지 못한 내 잘못인 듯싶어 공연히 가슴 한 구석이 뜨끔하고 마주보기가 미안할 때가 많다. 물론 그런 속된 욕심을 가장 싫어하는 마음이 아내의 밑바탕에 깔려 있음을 모르는 바는 아니지만 말이다. 언젠가 제일 못 사는 내가 부자인 그 친구들을 부부동반으로 초청하여 멋지게 한 턱을 내고야 말겠다는 생각을 몇 번이고 다짐하기도 했다.

아내나 나나 똑같은 시를 쓰는 시인이다. 아내는 시를 쓰기 전에도 심성이 고왔지만 시인이 되고 나서는, 특히 막내를 잃은 참척의 아픔을 겪고 나서는 더욱더 마음이 고와진 듯싶다. 어떤 면에서는 삶을 초월한 사람처럼 보였다. 고운 마음이 더 숙성한 듯한 느낌을 받았다. 그런 모습을 지켜보는 나로서는 참으로 미안하고 좀 더 일찍 잘 해주지 못한 후회 때문에 똑 바로 눈을 쳐다보기가 어색할 때가 많다. 그래도 시를 쓰면서 그리고 시단에서도 중견시인으로 한 급수씩 올라(?)가면서부터 아내는 조금씩 옷을 사 입는다. 내가 옷 좀 좋은 거로 사 입으라고 때마다 지청구를 하기 때문인 듯싶다. 옷이 날개라고 친구들은 외제 옷을 척척 사 입는데 자기는 그러지 못하니 얼마나 자존심이 상했을까? 그러나 아내는 평소의 검소 때문이었는지 백화점에서는 옷을 잘 사 입지 않고 동대문시장에서 친구와 함께 옷을 사 입는다. 그럴 때마다 내가 신경질을 내면 "이 옷 비싼 거야. ○만원 준 거야. 친구도 같이 샀어!" 하면서 좀 싼 옷으로 자주 바꿔 입으면 그것이 더 멋을 낼 수 있다고 자기 합리화를 하고 있다.

오늘도 친구를 만난다고 옷을 갈아입더니 "이 옷 예쁘지?" 하며 미리 방어부터 하고 나온다. 그럴 때마다 마음이 안쓰럽다. 내 능력으로 외제 옷 몇 벌이야 사줄 수 있다. 또 아들이 옷 사 입으라고 용돈도 준다. 그래도 막무가내다. 몇 십 년을 그렇게 살아온 데 따른 절약 습관 때문인 듯싶다.

나는 퇴직하면서 제일 먼저 한 것이 해외여행이었다. 여행을 하면 기분이 상쾌해질 뿐만 아니라 누구보다도 아내가 좋아하기 때문이었다. 오죽하면 딸아이가 "엄마는 죽다가도 여행가자면 벌떡 일어날 거야" 해서 한바탕 웃은 적이 있을 만큼 여행 다니기를 좋아했다. 그래서 동부 유럽. 서부 유럽, 미국, 캐나다 그리고 중국과 인도, 일본, 대만, 태국 등 동남아 여행을 많이 했다. 그러나 이제는 여행을 가자면 고개를 절레절레 내젓는다. 체력에 자신이 없다는 것이다.

또 시집도 8권째나 내 주었다. 옷만 좋은 옷을 사 입지 아니하였지 그런

대로 해외여행이나 시집 발간에는 '척척' 밀어주었다. 강남에 살아도 나는 내가 정당하게 벌어서 오늘의 삶을 영위하고 있기 때문에 남에게 질시받을 이유가 없다. 아들 내외도 대학교수이니 이제 꿀릴 것도 없다.

그런데 왜 아내는 그렇게 돈을 안 쓰고 검소하게만 살려고 하는가? 아내가 남에게 꿀리면 이제는 자존심이 상한다. 아내도 이제는 그만 '강남 스타일' 로 강남 사람(?)처럼 살았으면 좋겠다.

아내가 강남구, 그것도 대치동으로 이사를 왔으니 좋은 옷 사 입고 맛있는 거 사먹고 가고 싶은 국내여행이라도 맘대로 가고 싶다. 이제는 살을 맞대고 살 사람은 우리 두 사람뿐이니 아내가 뭔가를 사달라고 해서 아름답게 치장하고 강남 일대를 자주 구경 나가자고 했으면 좋겠다.

(2015. 5. 26)

100일 기념일의 사랑 일기

1966년 4월 2일 토요일 맑음

선아!

오늘은 '선아 '와 만난 지 꼭 100일이 되는 날. 얼마나 의미 있는 날인가. 그리고 함께 얼마나 기다려 왔던 날이었는가.

작년 크리스마스이브에 처음 만나 이후 점차 뜨거워져만 갔던 우리의 애정이 서로가 놀랄 만큼 접근하였으면서도 한 점 흐트러짐 없이 애기처럼 기다리던 100일을 맞았다는 건 서로가 헤어질 수 없다는 사랑의 증거였고 눈물겹도록 기쁘기만 한 사랑의 열매인 거야.

내 현 생활을 이처럼 정신적으로 성숙시킨 데는 사랑하는 여인이 내게도 있다는 자랑스러움이 내게 용기를 준거야. 사랑하는 여인을 통해서 앞날을 설계하고 그 설정된 좌표 위에 사랑하는 한 사람의 좌표를 대입할 수 있다는 것은 얼마나 가슴 뿌듯한 자랑거리인가.

우리가 어떤 일방적 또는 쌍방적 이유로 인하여 부득이 헤어진다고 해도 '선아 '가 내 가슴에 차지했던 사랑의 영역을 아무도 다시 대치하여 자리 잡을 수 없을 것이며 또 그러한 마음의 전부를 주어버린 내 사랑으로 하여 이후로는 아무한테도 사랑이라는 말을 건넬 수 없을 거야.

'선아 '의 부드러운 뺨에 내 얼굴을 마구 비비면서 '선아 사랑해 ' 라고 고백한 것은 이젠 ' 선아' 와는 숙명적으로 헤어질 수 없다는 사랑의 연인으로 내 가슴 전부를 차지하고 있다는 확신에서 온 거야.

'선생님 사랑해요' 라고 말하던 '선아' 는 이제 내 마음 전부를 차지하고 있는 연인이자 반려자야. '선아'의 체취를 뼛속 깊이 호흡해서가 아니라 '선아' 의 전부를 마음속에 송두리 채 삼켜버린 때문이야.

위의 신파조 같은 글은 49년 전인 1966년 4월 2일 지금의 아내와 뜨거운 사랑을 나누던 시절에 쓴 내 일기의 일부이다. 내가 걸어온 사랑의 거울이자 감출 수 없는 증거물이다. 아, 내게도 저렇게 불 같은 사랑을 한 적이 있었구나! 오늘 집안을 정리하다 우연히 아내가 보관하고 있는 상자 속에서 이 빛바랜 일기장을 발견했다. 나는 연애시절에 6개월을 하루도 빠지지 않고 사랑하는 연인과 데이트를 즐겼던 때가 있었고 그때 써 논 일기장이 지금도 노랗게 바랜 채로 아내의 장롱 속에 소중히 보관 되어 있었다. 그러니까 거의 50년 전으로 돌아가 그날을 되돌아보며 부부란 무엇인가를 생각해 보자는 생각에서 보이기 부끄러운 일기를 공개하는 것이다. 그리고 순수했던 그 사랑을 더듬어 보면서 남은 생을 동행하는 반려자로서 연애할 때 기분으로 살아가리라고 스스로 다짐하는 것이다.

그러고 보니 올해가 아내를 처음 만난 지 50년이 되는구나, 그리고 후년이면 우리가 결혼한 지 50년이 되는 금혼식을 맞게 되는구나. 아, 세월이 이리 빠른가? 세월이 제 먼저 알고 지름길로 온다더니 늙음은 그리 빨리 오는구나. 오늘을 지나면 그 아름다운 추억들이 사라져 버릴까봐 서둘러 그 날의 심정으로 이 글을 쓰는 것이다. 그런데 막상 사랑한다는 아내에게는 사랑한다는 말 한마디도, 그 쉬운 밥 한 끼도 함께 하지 못한 채 소중한 날을 잊고 지나친 내가 밉다. 뭔가 허전하여 달력을 들춰 보니 지난 5월 21일이 둘이 하나 된다는 '부부의 날' 이었다. 국가에서 정식으로 정한 기념일이다. 5월은 가정의 달이라서 가족과 관계된 날이 많다. 5일은 어린이날, 8일은 어버이 날, 그리고 21일의 부부의 날까지 합치면 모두 3일이 하나도 소홀히 할 수 없는 가족과 연관된 중요한 날이다.

5일 어린이날에는 친손주, 외손주 4명에게 각각 5만원씩의 용돈을 주고 '씩씩하고 밝게 자라라'는 덕담까지 건넸고 8일 어버이날에는 대전까지 내려가 부모님께 더욱 건강하시라는 말씀과 함께 일식집에서 근사한 생선회를 사드리고 사가지고 간 잠옷 두벌을 전해 드리고 올라왔다. 부모님은 캐나다에 가 있는 외동딸밖에 없어 내가 부득이 양자로 들어갔기 때문에 엄밀히 말하면 양 부모님이시다. 그리고 파출부를 두시고 대전에서 두 분만 살고 계시다. 연노하시다 보니 늘 마음이 불안하여 자주 전화로 안부만 드린다.

21일이 부부의 날인 걸 오늘에야 알았으니 참으로 한심한 내외지간이다. 특히 100일 기념 일기장까지 공개하면서 애틋한 사랑을 소개하는 당사자 둘이만 몰랐다니 그러고도 사랑이라는 말을 입에 올리는 내가 한심스럽다. 사랑이란 어떤 상대를 애틋하게 그리워하고 열렬히 좋아하는 마음이다. 남녀 간에 사랑보다 더 소중한 말이 뭐가 있겠는가.

어느 언론사에서 20~40대 기혼 직원을 대상으로 설문조사를 했는데 공통 키워드는 '약속, 사랑, 감사'로 나타났다. 배우자에게 가장 많이 하고 싶은 말은 앞으로도 계속 함께하자는 '약속'이었다. 20대의 메시지는 '지금처럼 알콩달콩 사랑하자', 30대는 '올해도 입금해 주겠소'라는 다소 코믹한 것에서부터 '늘 지금처럼 행복하자', '더 많이 아끼고 사랑해 줄게', '당신과 처음 한 약속을 잊지 않겠습니다' 등이었고 40대는 '같은 곳을 바라보며 평생 함께해요' 등이 나왔다고 한다.

'사랑해'라는 고백은 20대에서 40대까지 세대를 막론하고 배우자에게 꼭 전하고 싶은 메시지로 나타났다. '당신은 나의 전부입니다', '당신은 나의 희망', '제 옆자리는 오직 당신뿐', '내 평생의 베스트 프렌드'라는 시적인 사랑 고백도 있었다. '사랑해, 여보, 용돈 올려줘', '내 생애 가장 큰 축복은 당신과 함께한 것~ 용돈 올려줘' 등 사랑을 업고 용돈을 요구하는 귀여운 메시지들도 나타났다고 전한다. 회사이다 보니 조사에는 나오지 않았지만 아마도 50, 60대 부부에게 똑같은 질문을 주었다면 아이들 잘 가르쳐 '좋은 대학에 보내고 좋은 직장을 가진 후 좋은 배필을 만나 결혼시켜서 이쁜 손주를 보자' 가 아니었을까 싶다. 그렇다면 설문조사에서 아예 예외가 된 칠팔십대 부부에게 이 설문을 주었다면 어떤 말이 가장 압도적으로 많았을까? 아마도 '건강하게 오래오래 함께 살자' 가 제일 많았을 거라는 생각이 든다. 이쯤 나이의 노인들이 가장 바라는 것은 건강과 해로가 아니었을까 단언한다.

오늘 모 TV의 〈낭만시대〉에 출연한 김동길 교수께서는 "아무리 훌륭하고 돈 많은 사람이라도 죽음 앞에서는 모든 게 소용없다. 아무리 훌륭한 묘를 쓰고 일생의 업적을 자랑하는 천 마디의 묘비명이 써 있어도 정작 당사자는 묘 밖으로 나와 그것을 볼 수가 없지 않은가?"라며 인생의 덧없음을 언급하셨다. 그러시면서 "평소 너무 욕심 부리지 말고 갈 때는 빈 손 뿐이니 좋은 일을 많이 하고 떠나라"라고 하신 말씀이 그렇게 실감나게 가슴에 와 닿은 적이 없다. 결국 공수래 공수거이니 부질없는 욕심은 다 내려놓고 빈손으로 떠나라는 비움의 철학을 말씀하신 것이다.

거기에 더하여 나보고 얘기를 하라면 행복하고 사랑하는 부부생활로 인생을 마감하라는 말을 하고 싶다. 남남끼리 결혼하여 아이들 키우고, 시집 장가 보내고, 퇴직하기까지 언제 '사랑해' 라는 지고지순한 부부애를 속삭여 볼 기회가 주어졌는가? 남녀간에 노소를 막론하고 사랑한다는 말처럼 감정을 자극하는 말은 없다. 그보다 더 지고하고, 그 보다 더 심금을 울리며, 그보다 더 애틋한 감정이 '사랑' 이란 표현 말고 어디 있겠는가?

유명한 그리스 철학자 소크라테스는 세계 3대악처의 한 사람인 크산티페와 살면서 수많이 아내에게 멸시를 당하였지만 마지막에는 아내를 먼저 보내고 '효자보다 악처가 났다' 고 하지 않았는가? 소크라테스가 크산티페 앞에 무릎 꿇고서 듣던 '니 꼬락서니를 알아라! 이 영감태기야' 하는 '바가지성 훈계' 에서 '너 자신을 알라' 라는 영감을 얻은 건 아닐까 하는 생각마저 든다고 많은 철학자들이 말해 왔다.

내가 오늘 이 글을 쓰는 것은 이제 팔순이 얼마 남지 않은 이 나이에 중요한 것은 아내와 함께 행복한 동행을 하여야 하며 아내가 원하는 것은 그동안 젊어서 잘 해주지 못한 죄과 때문에 무엇이든 들어주려 노력하겠다는 것을 문자로 공개하여 남들로부터 확인을 받기 위해서다.

사실 아내는 나에게 시집을 와서 다른 친구들에 비하여 고생을 많이 했다. 심적인 고통도 있었겠지만 물질적으로 풍요롭지 못하여 이제까지 늘 미안한 마음을 떨칠 수가 없다. 물질적으로 풍요롭지 못하다 보니 사랑은 정신만 가지고 해결될 일이 아니라는 것을 깨닫기도 했다. 사랑만 가지고 행복해 질 수 있다는 것은 유토피아의 세계에서나 볼 수 있는 변명의 수단이지 실제 살다 보면 사랑만 먹고는 원만한 가정생활을 꾸려갈 수가 없다.

아내는 제법 부유한 집에서 태어났기 때문에 고생이라는 것을 모르고 자랐다, S여고 동창생 3명이 친자매처럼 아주 친하게 지냈는데 그들 중에서 아내가 제일 부잣집 딸이었고 나머지 두 친구는 가정이 좀 어려웠다고 한다. 그러나 지금은 완전히 전도되어 한 친구는 사업하는 남편 때문에 돈을 많이 벌어 부족함이 없이 65평짜리 고급맨션에 산다. 또 한 친구는 언론사에 있다가 높은 공직자가 되었던 남편 때문에 부족함이 없이 골프만 치러 다닌다고 한다. 젊어서는 남편들 나이가 비슷하여 함께 만나 포커도 치고 볼링도 즐겼었다. 그러나 내가 불운에 부딪쳐 헤매게 되자 아내는 그것이 창피하였던지 아니면 그 친구들이 멀리했는지 그 친하던 친구들과 동창모임을 빼고는 셋이서는 잘 안 만나는 것 같았다. 남편들도 어울려 만나지 않았음은 물론이다.

지금은 세 친구 중 제일 어렵게 지내는 사람이 내 아내이다. 그래서 아내에게 늘 미안한 생각으로 가벼운 열등감까지 느껴왔기 때문에 이제는 아이들도 결혼하여 잘 살고 남들이 동경하는 강남으로 아들 따라 이사 와서 강남 사람(?)까지 되었고 등단 30년이 되는 아내는 시조계에서는 제법 알아주는 중견시인이 되었으며 나 또한 등단 10년을 맞는 시조시인이 됐으니 이제 마음대로 좀 쓰고 여생을 즐기자고 제의했다.

아내는 시집을 8권이나 냈고 나도 시집을 3권이나 발행하였다. 물질적으로는 풍요롭지 못하지만 그래도 제법 인텔리겐차로 문학하는 지성인이 되다보니 사람이 산다는 게 물질만 가지고는 자기만족을 얻을 수 없다는 삶의 질도 익혔다. 어느 위치에서 어떻게 사느냐가 황혼에 접어든 노인으로서는 가장 중요한 인생의 바로미타가 된다는 것을 깨닫게 되었다. 얼마나 큰 깨달음을 얻은 것인가? 돈으로 행복을 살 수 없듯이 사랑도 살 수 없다. 남은 생만이라도 사랑하는 아내와 함께 처음 사랑하던 그 시절로 돌아가 알콩달콩 산다면 남은 생이 얼마나 값지고 보람이 있는 것인가. 둘이서 사랑하고 만족하는 삶, 연리지처럼 서로 떨어지지 않는 삶을 나누는 것이 가장 큰 행복이라고 확신한다. 그래서 마지막 남은 낭만을 불사르는 거다. 우리는 언제 어떻게 누가 먼저 떠날지 모른다. 가끔 아내가 친구들과 해외여행이라도 떠나는 날에는 내가 손수 밥을 지어 먹으며 아내의 소중함을 새삼 느끼곤 했다. 만약 어느 날 갑자기 누군가 먼저 세상을 떠난다고 하면 침상 옆자리의 허전함을 어떻게 달랠 수 있겠는가.

소크라테스는 '떠날 때가 되었으니, 이제 각자의 길을 가자. 나는 죽기 위해서, 당신들은 살기 위해. 어느 편이 더 좋은 지는 오직 신만이 알 뿐이다' 는 명언을 남겼다. 죽음과 삶, 이제는 오직 서로 아끼고 위해주는 것만이 그 뜨겁던 연애시절, 뜨겁게 포옹했던 100일째의 일기에 '동행' 이라는 마지막 말을 얹을 수 있을 것 같다.

(2015. 6. 5)

'멋' 을 마시는 젊은이들

젊은 시절, 지금은 미국에 가 살고 있는 친구와 함께 아침에 다방을 가면 어여쁜 아가씨들이 모닝커피라고 해서 커피에다 달걀노른자를 띄운 모닝커피를 들고 나온다. 그런데 언제나 +1이다. +1잔은 아양 값이다. "나도 한 잔 시키면 안 돼?" 하고 코맹맹이소리를 내는데 그걸 마다할 신사가 어디 있겠는가. 그것은 사실 매출을 많이 올려야 하는 상술이지만 차 한 잔으로 어여쁜 아가씨를 옆에다 앉힌다는 작은 만족감으로 누구도 거절하지 못하는 본능이자 관심법이었다.

젊어서 미국을 처음 방문했을 때 선상 관광에서 무한 리필해주는 주인이 고마워 몇 번이고 리필을 받아 배가 부르도록 커피를 마시던 기억이 새롭다. 거의가 블랙커피라 맛이 쓴데도 그걸 안 마시면 후진국 티가 나지 않을까 싶어 몇 번이고 리필시키던 생각이 문뜩 떠오르곤 한다.

하긴 우리가 대학생이었던 50년대 말부터 60년대 초까지 대부분의 학생들은 철학책 한 권을 끼고 다방이나 쎄시봉 같은 음악감상실에 가서 커피 한 잔 시켜놓고 담배 필터를 질겅질겅 씹어가며 하얀 연기를 뿜곤 했다. 젊은 열정을 발산하던 낭만이 그 시절엔 그게 왜 그리 멋있어 보였던지 지금 생각하면 웃기는 추억거리다.

역사적으로 커피가 우리나라에 들어온 시기는 이조 마지막 임금님이시던 고종황제께서 즐겨 찾으셨다는 기록으로 보아 그때쯤이 아닐까 하는 생각이 든다. 한 동안 다방이 전국을 휩쓸다 수입이 적어지자 티켓 다방이라는 변종 커피점이 생겨나서 사회적인 문제로 대두되었던 시절도 있었다.

요즘은 스타벅스 같은 외국의 유명 커피점이 체인으로 상륙하고 액상 커피까지 등장하여 가히 커피 전국시대를 이루고 있다.

원두커피 한 잔 값이 보통 4,000~5,000원에서 비싸게는 12,000원까지 가는 상품도 있다고 한다. 나는 이름도 들어보지도 못했던 원두커피가 등장하면서 커피 전문점에 가면 그냥 제일 먼저 기억에 떠오르는 대로 아메리카노를 시킨다. 커피전문점에 자주 가지 않는 나로서는 늘 그 이름밖에 떠오르지 않기 때문이다. 그런데 신문을 보니 스타벅스의 '하와이 카우' 라는 원두커피는 한 잔에 12,000원이나 한다는 것이다. 4,500원 하는 자장면을 먹고 이를 쑤시며 나와서는 6,000원에서 12,000원씩이나 하는 커피 전문점으로 직행하는 젊은이들을 보면 아무리 좋게 평가하려 해도 그 문화를 도무지 이해할 수가 없다. 우리나라의 커피 소비량은 2013년 기준으로 한 사람이 1주일에 12.2회를 마셔 주당 11.9회를 먹는 배추김치나 주당 6.9회를 먹는 쌀밥의 두 배를 마신다고 한다. 이러다간 커피에 밥 말아먹을 날도 그리 멀지 않을 것 같다.

커피시장 규모가 2012년 기준으로 4조 1,300억 원에 이른다고 한다. 소비자협의회 관계자는 '일반 아메리카노 '의 원가를 조사했더니 334.7원이라고 한다. 적게는 12배에서 많게는 30배 가까이 높은 가격으로 폭리를 취하고 있는 것이다. 소비자 시민 모임이 발표한 세계 13개 주요도시의 스타벅스 아메리카노 가격 조사에 따르면 우리나라가 한 잔에 4,100원으로 제일 비싸고 파리, 베이징, 도쿄가 그 뒤를 잇고 물가가 비싸기로 유명한 뉴욕조차 2,477원으로 서울 보다 40%나 싸다는 것이다. 건물 임대료, 인건비, 차별화된 서비스 등 간접비를 고려해도 사실은 커피 값에서 폭리를 취한다고 볼 수밖에 없다. 서울의 임대료가 뉴욕, 파리, 도쿄보다 싼 8~9위인데도 말이다. 우리나라를 봉으로 보는 게 아닌가 의심이 갈 정도다. 스타벅스코리아의 2013년도 영업이익은 321억 원으로 전년도보다 29%가 늘었다는 것이다.

스타벅스는 1호점을 시애틀에 1971년에 열었다. 2001년에 캐나다 록키 코치를 여행하면서 중간 코스로 시애틀을 넣어 시내 구경을 나간 적이 있다. 그런데 우리나라에서도 인기를 끈 〈시애틀의 잠 못 이루는 밤〉을 촬영한 퍼블릭 마켓 바로 입구에 스타벅스 1호점이 자리잡고 있었다. 무리한 일정에 쫓겨 겉만 보고 사진만 찍어 왔는데 안에 들어가 미국 커피 한 잔 마시지 못하고 온 것이 못내 아쉽다. 지금은 아예 관광코스로 넣어 역사적인 1호점에서 원두커피를 맛보는 것을 좋은 추억거리로 생각한다고 한다.

오늘날 세계적으로 유명한 스타벅스는 당초 시애틀에 있는 워싱턴 주립대학 졸업생 3명이 1912년에 세운 것이다. 오늘날로 설명하면 일종의 벤처산업인 것이다. 1982년 작은 4개의 스토어를 갖고 있던 스타벅스에 현 회장인 하워드 슐츠(1953년생)가 마케팅 팀장으로 합류한 후 1987년 슐츠가 인수하여 오늘날의 세계적인 기업인 스타벅스로 키운 것이다.

커피가 사양산업으로 전락할 때 슐츠는 고급커피에 대한 잠재 욕구를 끌어내어 이국적 분위기, 친절한 서비스, 재즈음악을 가미하여 로맨틱한 만남의 장소로 변혁시킨 것이 적중한 것이다. 소위 사람들의 오감인 미각 · 후각 · 청각 · 시각 · 촉각의 5개 감각을 자극시키는 오감 마케텡의 대표적인 성공 사례로 손꼽히고 있다. 당시 스타벅스가 생기면 반경 1킬로미터 이내의 커피점은 전멸했다고 한다. 스타벅스의 매력은 사람들이 모여서 수다를 떨고 상호 유대감을 강화하는 소위 우리나라의 사랑방문화를 발전시켜 성공시킨 대표적 사례라 하겠다. 지금은 세계 60여개 국가에 2만 1,000개가 넘는 점포를 열었고 우리나라에선 이화여대 앞에 1993년 최초로 1호점을 연 이래로 현재 720여개가 넘는 국내 지점들이 성업을 하고 있다. 들어섰다 하면 커피전문점이어서 재래식 다방은 찾아볼래야 찾아볼 수가 없다.

그래서 우리 같은 중년 이상 노인들이 모여서 정담을 나누는 다방은 거의 자취를 감추고 있어 옛날 정겹던 사랑방이 사라진 것이다. 직장을 그만

둔 중년 이상 노인들이 담소를 나눌 공간이 사라져 버리니 돈도 돈이려니와 전문 커피점은 젊은이들의 전용 공간화되어, 그곳으로 찾아들기도 노인으로서의 정서상 용납되지 않는다. 그뿐만 아니라 음식점마다 자동 커피기계가 있어 돈 안 내고 마실 수 있고 또 돈 400원만 자동판매기에 넣으면 옛날의 다방커피를 얼마든지 마시게 되었다. 다만 앉아서 비바람을 피하면서 오순도순 이야기를 나눌 노인들의 공간이 없는 것이 무척이나 안타깝다. 요즘 음식점이나 자동기계에서 나오는 커피는 맛도 좋으려니와 옛날 다방에서 마시던 커피맛과 똑같아 깊은 향수마저 불러일으키곤 한다. 시중에서는 외국 사람들이 오히려 우리나라 다방 커피 맛에 반해서 이렇게 맛있는 커피도 있느냐고 한다는 기쁜 이야기도 들린다. 역설적으로 우리 다방커피를 외국 사람들에게 마시게 하고 수출까지 생각해 볼 수 있는 반가운 소식이다.

이렇게 맛있는 커피를 두고도 스타벅스 등 소위 값비싼 외국 커피를 마시는 것을 보면 젊은이들의 애국심이 부족할 뿐만 아니라 공연한 겉멋과 허영심이 들어 있는 게 아닌가 싶다. 특히 바로 마실 수 있는 포장음료까지 나와 들고 다니며 전철이고 길거리고를 가리지 않고 전천후로 마시는 모습을 보면 '맛'을 마시는 게 아니라 '멋'을 마신다는 생각을 하는 것은 비단 나뿐일까?

물가도 오르고 수입은 줄어들고 담배 값도 오르고 했는데 이참에 담배는 끊고 커피는 우리 전통의 다방커피를 애용하는 것이 경제적으로도 바람직한 것이 아닌가 하는 생각을 소시민으로서 해 본다. 아무리 3만불 시대라고 하지만 외국 업체들의 봉으로 얕잡아 보여서는 국부가 새어나갈 수밖에 없다. 밥보다 커피를 더 많이 마시는 이상한 현상이 국민 건강에도 좋지 않고 국부 유출이라는 관점에서 중년노인들이 차 한 잔이라도 값싸게 마실 수 있는 장소를 마련해 봄도 바람직한 정책이 아닌가를 심각하게 고민해 봐야 될 것 같다. 65세 이상 노인이 700만 명이 이르는 이 황혼기의 세대들이 쉴 곳은 진정 없는 것인가? 비싼 커피를 못 마시겠다는 팔불출이라는 비아냥도 듣기 싫고 집안이나 산에서 살라는 노인문화도 개선하였으면 한다. 다방커피를 마실 수 있는 70, 80세대의 쉼터는 정녕 어디에도 없는 것인가!

(2015. 2, 5)

한 달에 12번 이상 사랑을 하라?

파리대학 병원 심장 전문의 프리데리크 살드만(61)은 『손을 씻자』라는 책으로 전세계에 한때 손씻기 열풍을 일으킨 의사로 유명하다. 그가 서울 인문포럼에 참석하기 위하여 내한하여 "프랑스 사람들이 미국 사람들보다 심혈관 질환을 덜 앓는 것은 와인, 초콜릿 그리고 섹스 덕분"이라고 말한 인터뷰 기사를 읽어 봤다. 더하여 몸을 많이 움직이고, 새로운 사람을 만나고, 새로운 곳을 찾아 여행을 많이 하고, 새로운 언어를 배우고, 섹스를 자주 할수록 수명이 연장된다는 건강론을 주장하여 만인의 이목을 집중시키고 있다. 특히 인터뷰에는 "한 달에 최소한 12번의 섹스를 하면 심혈관 계통의 질환을 감소시킬 뿐만 아니라 기대수명이 10년 이상 늘어난다"고 말하고 "키스야말로 이른바 웰빙의 연금술로 건강한 호르몬을 생성하는 방아쇠"라는 등 부부간의 스킨십이 건강을 지키는 지름길이라는 점을 강조하고 있다. 300만 명 이상의 조사를 통하여 연구한 결과라고 한다.

일본 성과학회는 건강한 부부가 이유 없이 한 달 넘게 부부관계를 하지 않는 현상을 '섹스리스'라고 규정하고 있는데 놀랍게도 기혼자의 44.6%가 섹스리스였다고 한다. 남자는 피곤해서가 21.3%, 여자는 귀찮아서가 23.8%였다고 하는데 재미있는 것은 공동 2위가 '혈육 같아서', '식구끼리 무슨 짓이냐'는 농담이 진담이 돼 버렸다고 한다.

나는 이 인터뷰 기사와 일본의 성과학회 조사 결과를 보면서 문득 모 TV방송국에서 내보낸 '섹스의 달인'을 떠올리며 그의 섹스론에 가벼운 미소마저 떠오른다. 그는 방청객과 시청자를 향하여 "섹스를 매일 한다"고 자랑하듯이 말하여 과연 그것이 가능하며 부인의 불평은 없었는지가 초미의 관심사였다. 그러나 그는 매일의 섹스가 가능하며 부인도 싫은 기색을 아니한다고 하여 시청자들을 놀라게 했다. 그리고 그래도 피로하지 않다고 말했다.

섹스는 아담과 이브가 금단의 열매를 따 먹은 이래로 본능적으로 이성을 탐하게 되었고 성경에도 '생육하고 번식하라' 고 성의 절대성을 강조하였으며 인간이 존재하는 곳에서 성은 삶과 분리해서 생각할 수 없는 원초적 본능이 되었다. 그런가 하면 가뭄에 콩 나듯이 성생활을 하여 일 년에 한두 번 성생활을 함으로써 욕구불만인 부인으로부터 이혼 소송을 당하는 남성이 있기도 하다.

정신분석학으로 유명한 프로이드에 의하면 인간의 정신세계를 세 가지 성격구조, 즉 원초아, 자아, 초자아의 세 가지 모형으로 구분하고 인간은 필연적으로 삼중인격자라고 하였다. 여기서 관심을 끄는 것은 첫 번째의 원초아(id)이다. 프로이드는 원초아는 성욕이나 공격성 같은 본능적 요구를 관장하는 곳으로 충동을 지연시키지 않고 즉각적으로 만족하려고 하는 쾌락원리의 지배를 받는다고 하였다. 프로이드는 성격발달 단계를 성적에너지인 리비도(libido)가 집중된 부위에 따라 성격구조를 구강기, 항문기, 남근기, 잠복기, 생식기의 5단계로 구분하고 있다. 구강기(oral stage)는 출생부터 약 18개월간을 입으로 빨고 삼키고 깨무는 자극을 통해 쾌감을 얻으며 다음단계인 항문기(anal stage)는 영아가 성숙하는 18개월부터 약 3세까지로 항문 부위가 더욱 민감해져서 부모는 유아에게 대소변을 잘 가리도록 격려하여 초자아를 발달시키는 과정이다. 다음 단계인 남근기(phallic stage)는 3세부터 6세까지로 성적 에너지가 아동의 성기에 집중되어 자신의 성기를 만지는 데서 쾌감을 느낀다. 다음 단계인 잠복기(latency stage) 즉 6세에서 12세 까지는 성적 욕구가 억압되어 비교적 편안한 시기이며 다음 단계인 생식기(genital stage)는 사춘기가 시작될 때로 호르몬과 생식기의 변화로 점차 동성에서 이성으로 옮겨가게 된다고 하였다. 이런 관점에서 성장과정을 통해 성적 관심이 어떻게 변화하는가를 주시하였다.

따라서 사람은 성장과정을 통해 성이 어떻게 형성되고 성적 호기심이 어떻게 발전하며 궁극적으로는 성생활이 어떻게 시작되는 가를 정신분석학적으로 설명하고 있다. 우리는 흔히 정신적인 사랑이 표출되지 않는 성생활의 탐미는 단지 동물적 욕구 해결의 한 방편이라고 말하고 있다. 성생활은 주기적으로 그리고 남녀사이의 진정한 사랑을 바탕으로 이루어져야 행복한 성생활을 즐길 수 있는 것이다.

그러나 과연 남녀가 사랑한다고 해서 성생활까지 만족을 얻을 수 있는지는 미지수다. 또 연령과 체력, 그리고 관심력, 애정의 심도가 얼마나 있느냐에 따라 성생활 횟수는 달라질 수 있다고 본다. 살드만 교수가 강조한 한 달에 12번 이상 사랑하라고 말하는 것은 키스나 신체 접촉을 통한 애무 등 스킨십까지를 포함한 것이 아닌가 생각된다. 더구나 유교사상이 근저를 이루고 있는 한국인의 정서상 그 정도의 횟수라면 상대방을 동물처럼 징그럽게 느껴질 것이라는 것이 일반적인 사고가 아닌가 싶다.

얼마 전 TV에 출연한 93세 노인의 말에 의하면 지금도 매월 세 차례의 섹스를 즐기고 있다고 자랑하는 걸 보았다. 그것이 그 분이 아직껏 정정하게 정신이 하나도 흐트러지지 않는 삶을 유지 한 것으로 보였다. 능력이 된다면 늦게까지 성생활을 할 수 있는 사람이 되고 싶다 . 그러나 가정(假定)은 가정일 뿐이다. 나는 국외자이니까 말이다

그러나 성생활이 인간의 긴장을 해소하여 심혈관 질환을 줄이고 10년 이상 수명이 연장되며 유방암 걸릴 확률이 줄어든다는 것은 결코 과장된 표현은 아닌 듯싶다. 특히 그의 지론인 '오래 해야 만족도가 높다는 선입견은 틀린 생각이라며 3~7분 이내에도 만족감을 느낄 수 있다' 는 것은 부부간에 열심히 사랑하라는 충고로 받아들이고 싶다. 부부가 결코 변강쇠

나 옹녀가 되어야만 할 이유는 없다. 그럼에도 불구하고 성을 금기시하는 우리나라 사람들의 정서상 부부간이라고 많은 성생활을 하면 전과가 의심된다느니, 동물이라느니, 밝힌다느니 하는 말로 상대방의 인격을 훼손할 가능성이 있어 성이라는 단어는 매우 조심스럽다. 그러나 우리는 카사노바는 되지 말지언정 그렇다고 애정의 척도인 성생활에 너무 무관심한 석녀나 석남이 되어서도 안 되리라고 본다.

건강도 유지하고 서로 사랑을 확인하는 성생활은 우리에게 삶의 활력소는 될지언정 비난의 대상은 되어서는 안 된다. 키스를 열심히 하라. 애무 등 스킨십을 많이 해라. 서로 사랑한다는 애정 표현을 당당하게 하라. 그리고 적당한 성생활을 즐겨라. 이것이 100세 시대를 사는 보약이자 불노초가 아닌가 싶다. 다만 내 성생활은 어떤지 76세의 입장에서 자문해 보면 '해답이 없다는 것이 해답' 이다.

(2015. 1. 28)

45년을 유지해온 모임의 버팀목

나에게는 아주 오래 된 모임이 있다. '호경회(虎鏡會)' 라고 해서 고려대 신문사 역대 편집국장들이 모여서 45년 전에 만든 모임인데 처음 출발할 때는 11명이었는데 이미 3명이 타계하여 지금은 8명만이 모여서 한 달에 한번 모임을 갖는다. 나이는 최고령 86세부터 70세까지 다양하고 직업은 전직 대학교수가 3명. 공무원이 3명, 회사원이 2명이다. 한 모임을 이렇게 오래 유지하는 비결은 대학교 때 모두가 신문쟁이였기 때문이 아닌가 한다.

지나 놓고 보면 학보사 편집국장을 하며 4·19부터 5·16까지 격랑의 세월을 지내왔고 그것이 인연이 되어 45년을 끈끈한 선후배가 함께하는 모임으로 이처럼 오래 해산하지 않고 장기간을 유지해온 모임이 별로 없을 거라고 생각한다. 특히 나로서는 이 모임의 명칭을 내가 지었기 때문에 더욱 애착이 가는지도 모르겠다. 호경회란 '호랑이 대학교의 거울' 이란 의미에서 소위 학창 시절에 학교의 거울 역할을 담당했던 신문쟁이들이 졸업 후 만든 모임이라는 뜻을 담고 있다.

대학교 때부터 졸업 후에는 동인이라는 이름으로 매년 한 번씩 전체 기자출신들이 모여 동인회를 개최하여 추억을 더듬었고 비슷한 연배들끼리 호경회와 비슷한 소규모 모임을 만들어 학보사 기자들로서의 면면을 이어오고 있다. 그러나 가장 오랫동안 모임을 이끈 동인 모임인 호경회는 고대신문의 대표적인 동인 모임으로 신문사에서 관여하는 각종 행사는 우리 호경회가 늘 대안을 제시하는 그룹으로 면면을 이어오고 있다. 그 중에 대표적인 리더로는 회장인 동국대 교수출신 신근재 박사가 있지만 실질적인 리더는 통일연수원장(관리관) 출신인 박찬세 동인이었다. 박찬세 동인은 4·19혁명의 도화선이 됐던 4·18 고대의거를 일으킨 소위 주모그룹이었고 당시 대학 편집국장으로 재직 시에는 신문 사설로, 그리고 의거 당일에는 선언문을 써서 혁명의 불을 당긴 의거의 기수였다. 4·18을 빼고는 4·19를 논의할 수 없듯이 박찬세 편집국장을 빼고는 4·18의거를 논할 수 없는 그야말로 핵심인물 중의 핵심이었다. 의거가 실패하는 날에는 본인은 물론 가족까지도 위험할 수 있는 자유당 정권 말기 때의 일이니 목숨을 담보하지 않고는 아무리 젊은 혈기라도 해도 혁명의 주도자로 선뜻 나서기에는 위험부담이 그만큼 큰 시기였다. 4·19가 성공하였기에 말이지 만약 실패하였다면 본인의 신분 유지는 물론 지금의 우리 모임도 존재할 수 없었을 것이다.

그래서 우리 호경회 회원들은 박찬세 동인이 편집국장으로 있을 때 함께 일 했던 바로 선 후배 사이이기 때문에 피차 너무나 상대방을 잘 알고 있어 웬만한 결정은 대개 박찬세 동인이 주도해 왔다. 우리 남편들의 모임 발족으로 20여 년 전에 소위 '여자 호경회'가 발족되어 지금껏 도란도란 잘 운영되고 있다. 남편들이 모은 회비로 여자 호경회원들을 미국·일본·태국·대만·중국 등을 관광시켜 주기도 했다.

여기서 우리 모임이 45년을 유지할 수 있었던 것은 박찬세라는 중심 동인이 있어 그 카리스마가 이 모임을 차질 없이 끌고 왔기 때문이었다, 어느 모임에서나 반대하는 사람이 있고 등 돌리는 사람이 있게 마련이지만 우리 호경회는 신근재 회장을 정점으로 박찬세 동인의 통솔력에 가미되고 오랫동안 총무를 맡으며 일정을 차질 없이 챙겨온 삼미그룹 부사장 출신의 이용묵 동인의 정성이 가미되고 여기에 같은 직책에 있었다는 연대의식이 지금까지 모임을 끌어온 원동력이다. 모임 멤버는 그 외에 4급 서기관 출신으로 시인인 나, 인창고등학교 교장 출신인 조덕연 선생, 세계일보 편집국장 출신인 목정균 박사, 고려대 교수 출신인 서연호 박사, 문공부 국장 출신인 오충수 이사관 등 8명이 회를 끌어오고 있다. 아울러 내외 모임이 동시에 그 면면을 유지하는 것은 신근재 회장의 부인 되시는 민 여사께서 여자호경회의 회장을 맡아 모임을 잘 이끌어오기 때문이다.

우리 집사람은 마음만 착해서 총무 역할을 맡아 여자호경회의 출납 관리나 여행 목적지 등을 조사하는 그런 심부름이나 한다.

원래 기자 출신이 콧대가 세듯이 학보사 기자도 기자랍시고 자존심이나 의리는 변하는 게 없다. 그래서 이재에 밝은 부자는 한 명도 없다.

내가 이런 신변잡기를 늘어놓는 것은 어떤 조직, 어떤 사회, 어떤 국가든지 구심점이 있어야 하고 소통하고 대화하는 언로가 열려 있어야 그 조직을 오랫동안 유지할 수 있다는 교훈을 배웠기 때문이다.

우리 호경회의 오랜 발전과, 다 함께 100세시대를 살기를 새해 소망으로 삼으면서 카리스마가 때로는 왜 필요한지를 실험적 도마 위에 올려놓고자 부족한 이 글을 쓴다. 글을 읽는 모든 분들의 새해 건강과 행복이 깃들기를 기원하면서….

(2014. 12. 31)

강남살이 첫 출발

아들과 딸이 강남에 살고 있어 나이를 먹으면서 가깝게 모여 살아야 한다는 자식들의 권유에 못 이겨 팔자에 없는 강남에 입성하게 되었다. 목동에서만 40년을 살다가 이사를 하게 되니 고향을 떠나는 듯 서운하기까지 하였다. 강남이라는 곳이 와서 살고 보니 생각했던 것보다 훨씬 복잡하고, 공기도 안 좋고, 물가도 비싸 나같이 나이를 먹어 크게 벌어논 돈이 없는 사람에게는 여간 부담이 되는 것이 아니었다.

내가 강남에 오면서 첫 번째로 부딪친 것은 새로 산 집에 대한 중개수수료 때문에 중개업자와 싸우면서 시작되었다. 목동도 강남 다음에 가는 구이기 때문에 비교적 생활수준이나 교육수준이 높은 곳인데 첫 번째 부딪친 것이 하필 중개수수료, 일명 복비 때문에 일어났다. 목동 집을 팔 적에는 중개업소에서 스스로 수수료를 0.6%(6억 이상은 최대 0.9%) 요구해서 그것도 비싸다고 또 기십만 원 깎았는데 강남에서는 애초 매매 당시에 수수료를 정하지 않았더니 잔금을 치르고 나니 수수료를 0.7% 요구하는 것이었다. 0.1%면 80만 원 정도에 해당하는 금액으로 놀고 있으면서 가진 돈 까먹고 있는 나에게는 꽤나 많은 돈이었다. 그래서 목동에서는 0.6%만 주었다고 영수증까지 보여 주어도 막무가내로 0.7%를 내야 한다는 것이었다.

중개업법에 보면 6억 원 이상의 집은 수수료가 0.9% 이내에서 중개업자와 집을 사고파는 사람 간에 협의해서 결정한다고 되어 있다. 법이 고무줄 같으니 어떤 사람은 0.7% 또는 0.8%까지 주는 경우도 있고 아는 사람은 0.6%밖에 주지 않는 경우도 있어 법을 잘 모르면 중개업소에 남보다 많은 수수료를 울며 겨자 먹기로 지불하는 경우가 종종 발생하게끔 되어 있다. 중개수수료는 일명 복비라고 해서 서로 복을 주고받는 좋은 의미에서 시작되었다고 본다. 그런데 지금은 복비가 아귀다툼비로 변질돼서 잘못하면 남보다 복비를 훨씬 더 주는 경우가 종종 있는 것을 인터넷상에서 발견할 수 있다. 그래서 우선은 우기는 것이 상책이라는 생각으로 0.6% 이상은 절대로 못 주겠다고 큰 소리로 떠들었고 중개업자는 0.7% 아니면 안 된다고 해서 말다툼이 시작되었다. 결국 목동의 예와 주변 사람들의 예를 들어 끝까지 0.6%를 고집하여 0.6%로 결정을 보아 80만원이라는 거금을 아끼게 되었다.

문제는 돈을 더 깎고 덜 깎고에 있는 것이 아니라 중개업법이 고무줄 같아서 목소리 큰 사람이 이기게 되어 있다는 점이다. 애당초 법으로 얼마짜리는 몇%라고 못을 박아놨으면 다툼이 생길 리도 없는데 몇% 이내에서 합의에 의해서 정한다고 규정이 되어 있으니 분쟁이 나는 것은 불을 보듯 뻔한 것이다. 강남에 와서 다른 지역에 비해 모든 물가가 비쌀 것이라는 예감이 맞아 떨어지는 듯싶었다. 하기는 강남은 자장면도 5,000원이다. 아파트 관리비도 엄청 비싸다. 앞으로 강남에 살면서, 강남에 산다는 자랑(?)보다도 생활비가 훨씬 더 들겠구나 하는 생각이 앞서는 것을 보니 나 같은 부자가 못되는 사람은 강남으로 이사를 오는 것이 아니고 공기 좋고 물가도 좀 싼 지역에서 사는 것이 더 생활을 윤택하게 하는 것이 아닌가 싶어 강남에서의 첫출발이 복비로 혼쭐을 겪은 나로서는 앞으로 강남의 유명세(?)를 치르기 위하여 보다 많은 생활비를 지불하는 것으로부터 출발하는 성싶어 입맛이 씁쓸하기만 하다.

하기야 강남 가면서 그런 상식도 모르고 갔느냐는 핀잔을 하는 분도 있을 테지만 말이다. 친구 따라 강남 간다더니 아들딸 따라 강남에 본의 아니게 오게 되어 앞으로 분수에 넘게 살아야 한다는 서글픔이 앞서는 건 왜

일까? 이 모두가 따라 돈 벌어놓은 것 없는 데서 오는 자연스러운 결과가 아닌가 싶어, 나이를 먹어 돈 없고 힘이 없어지는 것이 이렇게 서러울 수가 없다.

(2014. 1. 14)

김자옥을 애도함

아침에 스위시 영상 하나를 만들고 점심 후에 수정을 하려고 컴퓨터를 여니 탤런트 김자옥이 오늘 63세의 나이로 아침 7시경에 별세했다는 타이틀의 뉴스가 새카맣게 올라와 있었다.

'아니 김자옥이…' 나는 깜짝 놀라 마루에서 테레비를 보고 있던 아내에게 "여보, 김자옥이 죽었대" 하고 밖을 향해 소리를 쳤다. 평소 장난치기를 좋아하는 나의 성격을 잘 아는 아내는 "거짓말 하지 마, 나 연속극 봐야 해" 하면서도 혹시나 하는 심정에서인지 컴퓨터 방으로 들어 와 기사를 보고는 "정말이네. 오래 전에 암에 걸렸다는 소리는 들었는데 죽었네" 하며 안쓰러운 모습을 하고는 방을 나갔다.

'탤런트 김자옥…' 나는 36년 전의 김자옥을 떠올리며 정말로 안타까운 마음과 너무 일찍 저 세상으로 갔다는 생각에 그녀의 죽음이 도저히 믿어지지가 않았다.

내가 김자옥을 처음 본 것은 김자옥이 26세 때인 어느 봄날이었다. 경향신문 문화부에 근무하는 대학 후배인 이광훈 기자와(후에 주필로 퇴사했으며 몇 년 전에 타계함) 정동에서 점심 약속이 있어 식사를 하고 났는데 이 기자가 "정원이 형, 탤런트 구경 안 갈 테야?" 하고는 MBC(당시에 경향신문 빌딩에 있었음) 인근의 커피점으로 나를 안내했다. 커피 한잔을 하고 있는데 이 기자가 "형 저기 김자옥이가 왔네" 하고는 눈짓을 하는 게 아닌가? 정말로 키가 자그마하고 테레비에서 보던 것보다 훨씬 아름답고 귀엽게 생겼었다. 그 당시 최고의 인기를 끌던 탤런트였다. 그 탤런트 실물을 여기서 보다니…. 나는 차를 마시면서도 그 쪽을 향한 눈길을 뗄 수가 없었다.

그런데 그 아름답던 김자옥이 오늘 갑자기 죽었다고 하니 어떻게 믿을 수 있겠는가?

기사를 자세히 보니 이미 대장암을 앓고 완치했다고 했었는데 암세포가 폐로 전이 되어 폐암으로 사망했다는 것이다. 자칭 타칭 '공주'로 불리기도 했던 그녀는 쾌활한 성격과 탄탄한 연기력, 그리고 폭넓은 교우로 탤런트의 정상에 오르고 시청자들의 사랑을 독차지했다.

사람이 죽고 살고는 하늘의 뜻이다. 그러니 그녀도 그 길은 비켜가지 못하고 말했다. 철학자 키에르케골은 죽음에 이르는 병에 대하여 다음과 같이 설파한 적이 있다. '인간의 육체의 질병은 인간을 죽음에 이르게 하지 않는다. 영원을 사모하는 인간에게 죽음은 새로운 생명의 시작이기 때문이다. 진정으로 두려워하여야 할 죽음에 이르는 병은 정신의 질병 즉 절망의 병이다.'

그리고 그 절망은 첫째는 '무엇에 대하여 절망하는 것' 이다. 둘째는 '자기 자신에 대하여 절망하는 것' 이다라고 말하고 있다. 그리고 절망을 극복하는 유일한 길이 크리스천이 되는 것이라고 말하였다. 나는 아직까지 특별한 종교가 없다. 그래서 그런지 키에르케골의 기독교적인 설교가 뚜렷하게 나에게 무언가를 설명하려는 것인지 도무지 이해가 안 되는 것이다.

키에르케골에 따르면 김자옥은 크리스천이고 그래서 절망하지 않고 절대자인 하느님의 뜻에 따라 새로운 생명의 시작의 길로 들어섰으니 결국 영생한다는 결론으로 유도되는 것이다. 그래서 진정한 죽음이란 자신에 대한 절망에서 오는 것이라 설명하고 있다. 종교를 갖지 않는다면 정신의 질환 즉 '절망의 병' 으로 사망하게 된다고 설명하고 있다. 나도 새로운 생명의 시작인 죽음으로 하느님의 품에 가야하는지 아니면 무신론자로 그대로 평범한 죽음을 맞아야 하는지는 아직껏 결론을 내지 못하고 있다.

그제 14일에 대학교 과 동기동창생들과 한 해를 마무리하는 송년회를 일찍 가졌다. 그런데 서글픈 것은 벌써 20여명의 동기생들이 저 세상으로 이미 떠났다는 현실이다.

한국인의 평균 수명은 통계에 의하면 79세이고 남자는 평균 수명이 76세이며 여성은 82세라고 한다. 그리고 생에 대한 기대치는 81.7세라고 말하고 있다. 아니 이제는 99 88로 100세 시대를 바라보고 있다. 삶의 기간이 의학적, 영양학적 관점으로 본다면 100세를 넘는 사람들의 숫자가 점점 늘어날 수밖에 없는 것은 세계의 공통적인 현상이다. 물론 오래 산다고 꼭 좋은 것만은 아니다. 거기에는 물질적 풍요를 전제로 해야 한다. 60에 정년을 하고도 2~30년은 더 살아야 한다고 생각해 보면 그동안 필요한 자금과 건강이 절대적이다. 이제 인생을 돌아보며 주변을 정리해야 할 날이 평균수명으로 따지면 몇 년 남지 아니했다. 앓지 않고 돈에 궁색하지 않고 살아갈 수 있기를 빌어볼 뿐이다.

김자옥의 죽음을 보면서 인생이라는 것이 아무 것도 아니라는 절망감에서 벗어나기 위하여 나는 어떻게 삶을 살아야 할까를 되돌아본다.

(2014. 12. 22)

며느리 사랑은 시아버지라 했지?

며느리 사랑은 시아버지요, 사위 사랑은 장모라는 옛말이 있다.

그래서 그런지 몰라도 나도 며느리를 끔찍하게 사랑하는 시아버지 중 하나라고 자부한다. 요즘 독감이 지독하여 우리 내외도 심하게 앓은 끝에 약을 먹고 많이 좋아졌다. 아들은 하루가 멀다 하고 궁금하다는 전화를 하더니 제가 감기로 인하여 천식이 심해져 급기야 병원에 입원하고 말았다. 며느리는 직장관계로 전화만 자주 하더니 오늘은 공휴일이라 시간이 나는지 몸을 보하셔야 한다며 추어탕, 곰국, 육개장, 게장, 부침개 등 많은 먹을거리를 사들고 문병을 왔다. 마침 입맛이 없던 차에 점심은 육개장으로 저녁은 추어탕을 먹었더니 며느리의 정성이 배어서 그런지 몸이 훨씬 가벼워진 느낌이다.

아들과 며느리는 이다음에 나이를 많이 먹으면 함께 모시고 살겠다고 하지만 나나 집사람은 따로 살기로 약속하였다. 우리 며늘애는 사랑 받을 짓을 많이 한다. 제가 직접 돈을 버는 이유도 있지만 돈이 있다고 시부모에게 잘하는 것도 아니다. 마음이 따라야 잘하게 되는 것이며 그래야 진정성도 엿보인다. 몇 년 전에는 시어머니에게 털깎이 밍크코트를 해 주더니 금년 생일에는 제 남편과 상의해서 스마트폰을 선물하였다. 집사람은 요새 그 기능을 익히느라 열심히 이것저것 눌러 본다. 값이 비싼 걸 해주어서 고마운 게 아니라 마음 씀씀이가 착해서 더욱 기특하기 그지없다. 며늘애는 결혼 후에 아이 둘을 키우면서 서울대에서 교육학 박사학위를 받은 억척파로 현재 서강대학교 교수로 근무중이다. 내외가 대학 교수라서 생활의 여유가 있으니 비싼 선물을 할 수 있겠지만 돈이 있다고 다 시부모에게 잘하는 것은 아니다.

현재의 이혼 사유 2위가 고부 갈등이라 하던데 우리는 고부 사이가 무척이나 좋아 보인다. 가는 말이 고와야 오는 말도 곱다고 시부모에게 허물없이 진심으로 잘 대하는 며느리에게 어떻게 불쾌한 감정이 돋아 날 수 있겠는가?

요즘 며느리들은 시댁과 떨어져 살려고 하는데 며늘애가 졸라서 우리는 아들 집과 10분 거리에 떨어져 있는 강남 대치동으로 이사까지 오게 되었다. 물론 아들의 간곡한 권유도 있었지만 아파트를 알아보고 계약까지 서두른 것은 정작 며늘애 때문이었다. 이사 와서 첫 번째 맞는 시어머니 생일날, 며늘애는 아침 일찍 일어나 미역국과 반찬 몇 가지를 만들어 출근길에 집으로 가지고 와서 감명 깊게 아침밥을 먹었다. 반찬 수가 문제가 아니라 그 마음이 기특하다. 집사람은 그래서 친구들한테 며느리 자랑을 하고 친구들은 그런 며느리 보기가 힘들다고 이구동성으로 칭찬을 한다고 한다. '아버님' '어머님' 하고 붙임성이 많은 며느리를 누가 칭찬하고 싶지 않겠는가. 나나 집사람이 지금처럼 며느리를 사랑할 수 있도록 피차간의 마음 씀씀이가 변하지 않기를 기대해 본다. 며늘애야 사랑한다.

(2014. 1. 30)

세월호 어머니의 휴대폰

진도 세월호 참사로 뭇 사람들의 마음을 슬픔에 잠기게 한 지도 어언 9일이 흘렀다. 나는 매일 새벽1시까지 같은 채널을 고정하고 테레비 앞에 앉아 혹시나 생존자 소식을 들을까 하여 눈을 끔벅이며 앉아있곤 했다. 그러나 지금 들려오는 소식은 싸늘하게 돌아 온 주검만이 유가족의 마음을 할퀴고 있다.

오늘 인터넷을 보니 어느 어머니는 충전된 배터리가 하나 더 있는데도 굳이 휴대폰을 들고 와 계속 충전을 하고 있다고 한다. 배터리가 방전되어 혹시나 딸이 거는 전화를 못 받을까봐서라고 한다. 얼마나 딸의 생환을 일각이 여삼추 같이 기다리면 잠시 배터리가 떨어진 사이 혹시나 전화가 올까봐 또 하나의 배터리를 충전하고 있는 애타는 모정에 눈시울이 시큰해진다.

어려서 우리 어머니는 방학에 시골 고향에 왔다 가는 아들을 배웅하기 위하여 동구락배미까지 배웅 나오셔서 내가 안 보일 때까지 서계시곤 하셨다. 그리고 손을 흔드시며 내가 안 보여야 들어가곤 하셨다. 어머니의 자식 사랑은 한이 없다. 보고 또 보고, 만지고 또 만져 봐도 언제나 귀여운 금쪽같은 내 새끼다. 그런 귀한 자식을, 그것도 채 펴보지도 못한 열일곱 어린 학생들을 객실에 기다리라고 방송을 하면서 다른 한편으로는 선장을 비롯한 거의 대부분 선원들이 일착으로 기우는 배에서 빠져 나왔다고 하니 기가 막힐 노릇이다.

선원들은 명예라는 것을 제일 중요시하고 있다. 특히 선장은 승선자들을 침몰하는 배에서 구하고 배와 함께 장렬한 최후를 마치는 것을 최고의 명예로 알고 그 전통을 지켜 왔다. 미국의 방송들은 그 명예를 대한민국의 세월호 선장이 더럽혔다고 보도하여 우리의 얼굴을 들지 못하게 하고 있다. 그 유명한 타이타닉호의 선장은 배와 함께 최후를 마쳤다. 그에 비하면 사고와는 관련이 없는 단원고등학교 교감이 제자들을 희생시킨 죄책감에 못이게 스스로 목숨을 끊은 일이 훨씬 성스러워 보인다.

나는 내 자식을 잃어 본 사람이라 학생들 부모들의 심정을 누구보다도 절실하게 느낀다. 더욱이나 지금은 한 가정에 자식을 하나만 두는 경향이 있어 그 애지중지하던 자식을 키우는 재미로 삶을 영위하던 부모들은 이제 무엇을 보고, 또 무엇을 믿고 살아갈 것인가. 많은 어머니들은 자식들이 행방불명되면 혹시나 자식이 왔다가 못 들어 올까봐 항시 대문을 열어 놓고 자는 경우가 많다. 핸드폰을 충전하는 어머니 마음이 바로 그런 절박한 심정일 것이다. 제발 천상에서라도 핸드폰으로 딸의 목소리가 들려오기를 간절히 바래본다.

그리고 오늘의 사태가 우리, 바로 기성세대의 안전 불감증에서 온 무책임에서 비롯된 점이라는 사실을 직시하여 천상으로 간 넋을 조금이라도 위로했으면 하면서 어린 학생들의 죽음에 깊은 애도를 표한다.

(2014. 4, 24)

제4부
스마트폰과 책 도둑님

'신중년' 이라는 이름의 열차

UN이 재정립한 평생연령 기준을 보면 0-17세는 미성년자, 18-65세는 청년, 66~79세는 중년, 80~99세는 노년, 100세 이상은 장수노인으로 분류하고 있다. 우리나라 통계청에서도 현재 65세를 넘은 사람의 평균 기대수명은 91세라고 하니 말로만 듣던 100세 시대가 현실로 다가오는 게 아닌가 싶다. 요즘 신 중년이라는 말이 유행이다. 우리나라에서 요즘 말하는 신 중년은 6075세대를 의미한다. 나이 60에서 75세까지의 세대이니 신중년은 정년을 하고 나서부터 91세까지의 기대수명 기간 약 30여 년간을 어떻게 살아가야 할 것인지가 가장 고민이 되는 연령층이다. 우리나라의 연령대별 인구수에서 6075세대의 인구가 차지하는 숫치를 보면 직접 통계를 내 보니 대략 10,500,000명 정도 된다. 이들 6075세대가 경제 사회적 측면에서 차지하는 비중은 엄청 크다. 우선 가계자산의 29%를 차지하며 257조의 예금을 가지고 있고 전체예금의 34.8%를 소유하고 있어 자산파워가 막강하기 때문에 백화점이나 시장, 식당, 레저 등에서 이들의 소비행태는 무시 못 할 계층으로 자리 잡고 있다. 뿐만 아니라 이들 6075세대는 경제적 여유와 강인한 체력을 유지하고 있어 생활패턴에도 많은 변화를 가지고 왔다.

첫번째는 6075세대는 인터넷에 능숙하고 금전적으로도 풍부한 '액티브 시니어' 로서 자부심이 강한 계층으로 스마트 폰을 사용하고 인터넷 쇼핑몰에서도 능하여 이들이 새로운 소비주도층으로 떠오른다는 점이다. 독일의 예에서 보듯이 중년세대가 소비시장에 적극적으로 나설 때 침체된 경기를 끌어 올리는 새로운 동력으로 작용하리라 본다.

두번째는 할머니 할아버지라는 호칭을 싫어할 만큼 정신적 육체적으로 젊음을 간직하고 있어 가장 많은 변화가 성문화에서 뚜렷하게 나타나는 세대다. 이들 세대는 한 조사에 의하면 한 달에 2-3회의 성생활을 즐김으로써 과거의 고루한 성문화를 과감하게 탈피하고 있으며 특히 발기부전 치료제의 등장으로 활발한 성문화를 발전시키는데 큰 변화를 보이고 있다.

세번째로 이들 세대는 뒷방 노인으로 불리 우는 것을 가장 싫어하여 외모와 옷차림에 엄청난 신경을 쓰고 있으며 화려하고 밝고 세련된 의상을 갖추어 입음은 물론 고급 화장품까지 사용하여 피부를 관리하는 데도 적잖은 투자를 함으로써 스스로 노인 대열을 탈피하는 데 많은 노력을 기울이고 있다. 이러한 현상은 퇴직 후에는 으레 직장에 다닐 때 입던 낡은 옷을 입는 관행을 탈피하여 캐주얼을 선호하는 등 옛날 노인세대와는 확연히 다른 소비문화를 이끌어 가고 있다.

네번째는 젊고 건강한 신중년으로 머무르기 위하여 운동과 취미활동 등 자기계발에 적극적임으로써 새로운 문화계층으로 급부상하고 있다는 점이다. 요즘 헬스장이나 운동. 취미 교실, 등산이나 여행 등에서 새로운 사회체육이나 문화레저 활동에 적극적으로 참여하는 6075세대를 많이 볼 수 있다. 이러한 현상은 심신을 젊게 유지하는 데 많은 시간과 돈을 투자하는 신 중년의 한 단면을 보여주고 있는 것이어서 자금의 순환이라는 측면에서 볼 때 매우 바람직한 현상이라 하겠다.

다섯번째 이들 세대는 억눌렸던 스트레스를 해소하기 위하여 자기들만의 은밀한 공간을 마련하는데 과감하다는 것이다. 대표적인 게 콜라텍이다. 이곳은 신 중년들의 해방구다. 소위 1만원 한 장으로 밥+춤+술을 해결하고 집안에서 억눌렸던 스트레스를 말끔히 날려버리는 장소로 콜라텍을 선호하는 것이다. 정신적으로 맑고 깨끗해지는 콜라텍은 '젊어지는 샘물'이라 하여도 과언이 아닐 것이다.

여섯번째는 둘만이 사는 황혼부부가 늚으로써 이들이 새로운 집단으로 급부상하고 있다는 점이다. 지금 6075세대에서 아들이나 딸과 함께 사는 사람은 거의 없다. 거의가 부부만 둘이서 사는 세대를 이루고 있다. 통계청 조사에 의하면 60-75세 중 부부만 함께 사는 비율은 50%가 넘는다고 한다. 따라서 이들 부부중심의 2인가구가 새로운 소비계층으로 부상하여 주요 마케팅의 대상이 됨은 물론 정치 · 경제 · 사회적으로 무시 못 할 이익집단을 형성하게 되었다. 대부분이 중도보수층을 이루어 이들 세대가 각종 선거에서 가장 영향력 있는 집단으로 자리매김하고 있는 것이 현실이다. 이러한 신중년 부부의 또 다른 특징은 이들이 자식으로부터 도움을 받지도 않을 뿐만 아니라 자식에게 재산을 남겨주려는 생각도 없어 생전에 둘이서 즐기면서 지내려는 경향이 점점 농후해지고 있다는 점이다. '꽃보다 할배' 라는 TV프로그램이 인기를 끈 적이 있다. 황혼의 배낭여행 컨셉의 버라이어티 프로그램으로 이순재, 신구, 박근형, 백일섭 등 70대 후반의 노인들이 그리스, 대만 등을 여행하는 과정을 사실적이고도 코믹하게 그려 신 중년세대들의 안방극장을 후끈 달아오르게 했다. 실제로 신중년 부부들이 손을 잡고 국내외 여행을 하는 모습을 우리 주변에서 심심찮게 보고 있다. 자식들 뒷바라지에서 해방된 기쁨을 만끽하는 모습은 언제 보아도 흐뭇한 정경이다.

이상에서 신중년의 개념과 이들의 행태를 짚어 봤는데 '오늘의 노인은 어제의 노인이 아니다' 라는 관점에서 미국 시카고대학의 심리학교수인 버니스 뉴가튼은 55세 정년을 기점으로 75세 까지를 영 올드(young old 줄여서 YO)로 구분하고 YO세대는 아직 노인이 아니라 젊은 노인이라고 불렀다. 확실히 옛날의 노인과 요즘 노인의 개념은 완연히 다르다. 요즘의 신 중년은 젊고 건강하고 활기차고 자주적이다. 신중년은 많은 경험과 경륜을 쌓아온 선지자들이다. 이들을 어떻게 활용하느냐 즉 '복지' 의 대상으로 볼 것인가 아니면 이들의 경륜을 활용할 '자산' 으로 삼을 것인가에 따라 경제정책의 우선 순위를 두어야 한다고 본다. 우리나라는 지금 고용절벽 앞에 서 있는 수많은 청년세대들이 있다. 이들에게 일자리를 나누어 줄 수 있도록 임금 피크제를 도입하여 청년 고용을 늘리고 젊은이들이 기피하는 단순 노동에는 6075세대를 활용하는 방법도 경제정책의 일환으로 고려해 봄이 어떨는지 당국자에게 묻고 싶다.

(2015. 7. 31)

두 평의 땅만 내 소유다

중고등학교 세계사 시간에 알렉산더 대왕에 대하여 배운 적이 있다. 알렉산더는 징기스칸, 나폴레옹, 히틀러 등과 함께 가장 많은 땅을 정복한 대왕 중의 하나이다.

기원전 334년경 페르시아 제국과 이집트, 유럽, 중앙아시아, 아프리카 등에 걸쳐 많은 국가를 정복한 마케도니아의 알렉산더 대왕은 스무 살 나이에 왕이 되어 더 이상 정복할 땅이 없자 마지막으로 인도를 공격하게 되었다. 그러나 10년 이상 계속된 원정생활에서 계속되는 피로와 스트레스에 시달리다 나이 33세에 세상을 하직하였다. 그는 부하들에게 '나를 묻을 땐 내 손을 무덤 밖으로 빼놓고 묻어주게. 천하를 손에 쥔 나도 죽을 땐 빈손이란 걸 세상 사람들에게 말해주고 싶다네' 라는 유명한 유언을 남겼다. 한 철학자가 말했다. '어제는 온 세상도 그에게 부족했으나 오늘은 두 평의 땅으로도 충분하네. 어제까지는 그가 흙을 밟고 다녔으나 오늘부터는 흙이 그를 덮고 있네.' 라고.

인생이 무상함을 흔히 '공수래 공수거(空手來 空手去)' 라는 말로 설명한다. 글자 그대로 빈손으로 왔다 빈손으로 가는 게 인생이라는 불교의 가르침에서 나온 말이다. 본래 내 것이 없으니 모든 것을 다 내려놓으라는 의미다.

사람들은 태어날 때부터 양 주먹을 꽉 쥐고 태어난다. 이런 욕심은 많은 것을 가지려는 인간의 본능으로 '더 많이' 와 한 번 쥔 것은 '끝까지 움켜쥐려' 는 태초의 DNA를 전수받아서 그런 것이 아닌가 하는 생각이 든다.

그래서 사람들은 축재는 할 줄 알아도 그 재물을 가치 있게 쓰려는 생각이 전혀 없다. 또한 축재를 하기 위해서는 부정과 부패를 다반사로 일삼아 국고를 축내는 정치인, 공무원이 있는가 하면 간계와 속임수로 일확천금을 하려는 기업가, 국민들도 있다. 그래서 한탕주의와 황금만능사상이 뿌리 깊게 자리잡고 있어 사회가 오염된 악취로 그 존립기반이 휘청이고 있다. 이는 정치 · 경제 · 사회 · 문화 · 체육 등 온갖 분야에서 한 곳도 청정지역이 없다는 위험한 반증이다.

그러나 아무리 돈 많은 사람도 기부나 사회 환원에 대해서는 소금처럼 짜다. 물론 좋은 공익사업을 하는 기업이나 개인도 있지만 다대수 부유층은 자기 울타리 안에 재물을 가둬놓고 자손들에게 편법으로 부의 대물림을 하려고 한다. 그래서 사회는 부익부 빈익빈 현상으로 그 격차가 더욱 벌어지고 있다. 그런 현상이 결국 세대간 · 지역간 · 계층간 갈등을 조장하여 사회를 병들게 하고 있다.

옛 성현의 말씀에 老覺人生 萬事非 憂患如山 一笑空이라는 말이 있다. '늙어서 생각하니 만사가 아무 것도 아니며 걱정이 태산 같으나 한 번 소리쳐 웃으면 그만인 것을….' 여기에 인생사 空手來 空手去를 보태어 인생의 모든 일이 빈손으로 왔다가 빈손으로 가는 것을…이라는 교훈을 던져주고 있다.

사람은 죽으면 아무 것도 소용이 없다. 그래서 인생에 대한 허무감을 함께 안고 산다. 살아보면 삶이란 게 그리 부질없는 한갓 꿈에 불과하다고 느낀다. 인간은 태어나면서부터 죽음을 향해 달려가는 편도행 완행열차와 같다. 삶이 그러할진대 왜 다대수 사람들은 늘 걱정을 끼고 만들어 가며 살아가는 것인가? 무엇 때문에 웃음을 잃고 고민과 방황 속에 살아가고 있는 것인가? 어차피 죽을 때는 빈손으로 가는 것인데 왜 길지 않은 인생을 아등바등하며 사는 것인가? 왜 재물을 모으지 못해 안달인가? 그렇게 구두쇠처럼 쓰지 않고 부를 축적하면 인생을 값지게 살 수 있다고 생각하는

가? 조금 눈높이를 낮추고 남에게 적선을 베풀면 행운의 여신이 가는 길을 밝혀줄 텐데 왜 몽땅 부둥켜안고 하나도 잃지 않으려 그리 격렬하게 몸부림치는가? 그렇다고 모든 재물과 욕심을 다 버리라는 이야기는 아니다. 인생 100세 시대를 맞아 적어도 죽을 때 까지 필요한 재산은 모아야 한다. 그렇지 못하면 삶 자체가 비참해진다. 여기서 강조하는 것은 지나친 욕심을 내려놓으라는 것이다. 그러나 그런 생각을 자각하기는 말만 쉽지 결코 쉬운 게 아니다. 수많은 갈등과 고민으로 밤을 새워야 그 정답은 오는 것이다. 그 정답을 찾는다면 그게 바로 비움의 미학이다. 욕심을 많이 덜어낼수록 환희는 정비례로 많아진다. 아주 쉬운 말 같지만 사실은 그 숙제가 가장 어려운 과제가 아닌가 싶다.

오늘 신문을 보니 104세에 달하는 일본 의사 히노하라 시게아키씨의 이야기가 잔잔한 감동을 주고 있다. 1970년 적군파 9명에 의해 강제 납치된 도쿄 발 후쿠오카 행 요도 호 승객의 하나로 지금 인생의 전성기를 보내고 있는 그는 납치에서 벗어난 후의 생명(납치 당시 59세)을 덤으로 사는 인생이라고 생각하고 '생명과 평화 전도사' 로 동분서주하고 있다고 한다. 요도호가 조종사의 기지로 우리나라 김포공항에 비상 착륙한 사건이라 우리에게도 친숙한 기억으로 남아 있다. 88세에 노인운동을 시작했고, 아흔 넘어 뮤지컬을 제작하고, 100세 넘어 동화작가가 되었다니 그 노익장이 부럽기만 하다. 나는 히노하라씨의 그런 행동 배경에는 틀림없이 '비움의 미학'이 자리 잡고 있기 때문이라고 확신한다. 마음을 비우지 않고는 그리 오래 건강하게 살 수가 없다. 얼마나 아름다운 노년의 찬미인가?

욕심 하면 생각나는 것이 '마이다스의 손' 이라는 그리스 신화다. 술의 신인 디오니소스로부터 손에 닿는 것은 무엇이던 황금으로 변하게 하는 힘을 얻었던 프리지아의 왕 마이다스는 자기 딸을 만지자 황금으로 변하고 먹는 음식마저 황금으로 변하자 크게 당황하여 디오니소스에게 달려가 잘못을 빌고 원래대로 돌려달라고 간청하여 강물에 목욕을 하고나서야 원래의 마이다스로 돌아 왔다는 신화다.

인간이 태어난 곳으로 돌아갈 때는 사방 여섯 자 두 평의 땅밖에 가질 수 없다. 잘난 사람이건 못난 사람이건, 잘 사는 사람이건 못사는 사람이건 흙으로 돌아갈 때 가질 수 있는 것은 땅 두 평이다. 조물주가 얼마나 기막히게 천지를 창조했는가! 국민 모두가 공자의 안빈낙도, 즉 가난한 생활을 하면서도 편안한 마음으로 도를 즐기는 데서 삶의 가치를 찾는다면 전직 대통령이 수천억 원 대의 부정 축재를 해서 감옥에 가는 오늘의 슬픈 자화상을 우리는 보지 않아도 된다. 청빈을 제 일의로 생각했던 조상님들의 선비정신을 국민 모두가, 특히 고위공직자와 기업인들 그리고 1%의 최상위계층이 삶의 거울로 삼아 자신의 생활을 뒤돌아본다면 부정부패와 탈세 등 비정상적인 사회구조도 빠른 시일 내에 정상으로 회귀할 것이다.

문호 톨스토이는 말했다. "중요한 것은 얼마나 오래 살았느냐가 아니라 얼마나 깊이 살았느냐"이다. 알렉산더 대왕의 유언처럼 어차피 갈 때는 빈손뿐이니 축재에 너무 신경 쓸 게 아니라 삶다운 삶을 사는 데 인생을 투자하기를 간곡히 권해 본다.

(2015. 7. 21)

스마트폰과 책 도둑님

사람은 말과 글자를 통하여 세상과 소통한다. 만약에 언어가 없고 글자가 없다면 세상살이가 얼마나 불편할까? 다행스럽게도 인류는 진화하는 단계에서 언어를 만들어 서로의 의견을 주고받았고 그 언어를 기록하는 글자를 만들어 세상과 소통을 해 왔다.

우리나라는 세계에서 가장 과학적인 글자인 한글을 만들어 사용하는 문화민족이며 그 글자를 이용하여 생활 규범과 인간의 가치를 기록해온 문명국가이다.

4월 23일은 유네스코가 정한 '세계 책의 날'이다. 이 날을 책의 날로 정한 것은 돈키호테를 쓴 세르반테스와 햄릿의 작가 셰익스피어가 1616년 4월 23일 같은 날에 서거하여 이 날을 책의 날로 정하고 매년 전 세계 100여개 국가에서 기념하고 있다. 세계 책의 날을 맞아 4월 22일에는 인천에서 '2015년 세계 책의 수도 인천' 기념식이 거행되었다. 책은 두 번의 기적을 거쳐야 그 기능을 다 한다고 학자들은 말한다.

첫번째는 글자를 읽을 수 있는 문해력과 책을 읽을 수 있는 독서력이다. 문해력과 독서력을 다 갖추기 위해서는 다양한 책을 많이 읽어야만 가능하다. 한 국가의 독서력을 평가하기 위해서는 국민들이 얼마만한 양의 책을 읽고 있느냐는 독서량에 기준을 두는데 우리나라는 문맹률은 세계 최저이지만 부끄럽게도 한 달 독서량은 넉넉하게 올려잡아 '한 달에 한 권' 수준으로 OECD 가입 국가 중 꼴찌수준을 면치 못하고 있다. 통계에 의하면 1년 동안 책을 한 권도 안 읽는 사람이 10명 중 4명 꼴이라고 한다. 그러니

문해력이 있다고 이를 곧 독서력이라고 말 할 수는 없는 것이다. 따라서 독서력을 높이기 위해서는 많은 양의 책을 읽는 독서량이 있어야만 가능하다. "독서력"의 저자인 일본의 사이토 다카시에 따르면 독서량은 대략 150권의 독서가 필요하며 이를 한 2~3년 계속하다 보면 독서에 취미가 붙도록 적합한 두뇌구조를 갖게 된다고 말하고 있다.

서양 어떤 나라에서는 '책의 날' 에 남자는 여자 친구에게 책을, 그리고 여자는 남자친구에게 책을 선물한다고 한다. 책읽기 차원에서 정말로 장려할만한 아이디어라고 적극 권장하고 싶은 방법이다.

책의 날을 기념하기 위하여 내한한 이스라엘의 제2도시 텔아비브의 메이탈 레하비 부시장은 책을 덜 읽는 것은 이스라엘도 마찬가지라고 하면서 그래서 트럭을 개조하여 이동식 도서관을 만들어 사람이 있는 곳이면 찾아가 무료로 책을 대여하는 수법을 쓰고 있다고 한다. 그러면서 책을 반납하지 않는 경우도 있지만 '책을 안 읽는 것 보다는 훔쳐가서라도 읽는 게 더 낫다' 라고 까지 말하고 있다. 창조경제보다는 창조 문학이 먼저라는 말도 덧붙였다고 한다.

나는 고등학교 시절 책을 사 보고 싶지만 책을 살 돈이 없어 학교도서관에서 책을 빌려다 읽었는데 그 때는 책이 많은 것이 큰 자랑으로 여겨 책을 반납할 때는 꼭 겉표지를 빼서 내 책꽂이에 꽂아놓고 돌려주었던 추억이 있다. 지금은 시조를 쓴답시고 일반 교양서적은 멀리하고 시조집을 많이 읽는다. 시라는 것이 용암을 분출하는 분화구와 같아서 도대체 그 깊이를 가늠할 수 없다. 그러나 시를 쓰기 위해서는 남들이 잘 사용하지 않는 신선한 낱말들을 찾아서 조립해야 하는 섬세한 조각능력이 필요하다. 누구는 밤에 자자가도, 또는 달리는 전철 안에서 퍼뜩 좋은 구상이 떠오르면 그 자리에서 메모하는 습관을 버릇처럼 한다고 한다. 그러나 전자기술이 발달하여 지금은 전자책, 컴퓨터, 스마트폰으로 모든 정보를 얻는 경우가 더 많아 책읽기가 많은 독서층으로부터 외면당하고 있는 것은 두말하면 잔

소리다. 모든 정보가 '내 손안'에 있는 것이다.

한 가지 손쉬운 예를 들어 온라인으로 국내는 물론 해외에서까지 물품을 직구(직접구매)하는 '직구족'이 갈수록 늘어나고 있다고 한다. 2014년도 우리나라 온라인 쇼핑시장 규모는 45조원을 넘어서서 2011년 29조원의 1.55배에 이르고 있다. 도대체가 움직이거나 머리를 쓰는 것을 점점 싫어하는 경향이 전자시대에 사는 젊은 세대들에게 큰 폭으로 확산되고 있다는 직접적인 증거이다.

쉬운 예로 우리나라 전철 안을 들여다보면 남녀노소 할 것 없이 스마트폰을 휴대하지 않은 사람을 찾기가 힘들다. 그동안 많이 개선되었다고는 하지만 큰 소리로 통화하고, 게임을 하고 카톡을 하는 사람들로 옆 사람의 눈살을 찌푸리게 한다. 앉아 있는 사람의 대부분이 스마트폰을 켜놓고 뭔가를 하는데 책을 읽고 있는 사람은 눈을 씻고 봐도 없다.

우리나라의 스마트폰 보급률은 작년 기준으로 얼추 75%에 이른다고 하며 세계평균 보급률 14.8%보다 5배나 많고 미국과 일본의 40%보다 거의 배에 가깝다. 일본이나 미국에서는 전철 안에서 음식물을 먹거나 스마트폰을 사용하여 통화하는 경우를 찾아볼 수가 없다. 민도가 높아야 선진국이지 국민소득이 3만 불이 된다고 선진국이 되는 것은 아니다. 선진국에 관광을 가보면 전철 안에서는 신문이나 책을 읽고 있는 사람들의 모습을 흔히 보게 된다.

독서는 마음의 양식이며 자신의 교양과 지식을 살찌우는 보약이다. 그리고 신문이나 텔레비전 등 대중 매체들도 장사가 되는 프로만 방영하지 문화수준을 높이는 교양프로는 가뭄에 콩 나듯이 한다. 정치권이나 시민단체들은 매일 싸움만 하고 선동만 하지 생산적인 공부를 위해 책을 읽는다는 소리를 들어 본 적이 없다. 오래 전에 국회도서관을 가장 많이 이용하는 국회의원으로 조순형 전 의원을 지목한 기사를 신문에서 봤다. 회기가 아닌 동안에는 늘 도서관을 찾는다고 했다. 그래서 고 조병욱 박사의 아들인 조순형 의원을 존경한다. 공부하고 책을 읽는 정치인, 기업인, 회사원, 학생 그리고 국민들이 모두 독서족이 될 때 그 나라의 미래가 보장된다는 것을 우리는 선진국에서 배워야 한다. '책을 훔쳐가는 도둑이 책을 안 읽는 사람 보다 낫다' 는 이스라엘 레하비 부사장의 말이 아픈 채찍으로 들리는 것은 나만의 생각인가? '스마트폰' 보다 '책 도둑님' 이 용인되는 사회가 되는 날은 언제일까? 전철 안에서 책이나 전자책, 하다못해 신문이라도 읽는 젊은이들을 언제쯤이나 볼 수 있을지 궁금하다.

(2015. 4. 23)

파멸과 패배

인간이 다른 동물과 다른 특이한 점이 있다면 인간에게는 희망과 결단과 집념과 반성이 있다는 점이라고 생각한다.

나는 고등학교 시절에 헤밍웨이의 『바다와 노인』을 읽으면서 대서사시 같은 아름다운 문장과 끊임없이 일으키는 도전과 집념에 정신이 나갈 정도로 푹 빠져 들었다. 어네스트 헤밍웨이는 1899년에 태어나 『누구를 위하여 종은 울리나』, 『바다와 노인』 외에 『킬리만자로의 눈』 그리고 『무기여 잘 있거라』 등을 쓴 미국의 대 문호로 1961년 62세 때 자택에서 엽총으로 자살한 불우한 문학계의 거장이다. 그 의 대표작 『바다와 노인』이 대박을 터뜨리면서 이 작품으로 1953년에 퓰리처상을 그리고 다음해인 1954년에 노벨문학상을 받았다.

헤밍웨이는 말년에 쿠바에서 망중한을 즐기다가 미 · 쿠바의 단교와 전쟁 일보직전의 위기 속에서 미국으로 내몰리게 된다. 헤밍웨이가 바다와 노인을 쓴 배경이 된 쿠바의 코히마르라는 작은 어촌은 아바나에서 약 10km 떨어진 곳에 자리 잡고 있다. 작가는 누구나 제2의 고향이 있듯이 코히마르는 헤밍웨이의 제2의 고향이었다. 이곳에서 약 20년간을 머무르면서 술과 낚시를 즐겼고 바로 그 유명한 『바다와 노인』도 이곳에서 탄생되었다 한다.

카스트로의 독재와 미 · 쿠바간의 전쟁 위험에 노출된 쿠바국민들은 미국으로 필사의 탈출을 하기도 했다. 코아마르에서 플로리다를 향해 많은 쿠바인들이 나무 상자나 스티로폼으로 만든 뗏목을 타고 해류에 의지해 목숨을 건 항해를 했다. 그 유명한 보트피플 사건이 바로 그것이다. 보트피플의 절반은 바다에서 목숨을 잃었다고 한다.

마침 오늘 신문을 보니 적대관계였던 미국과 쿠바가 해빙기를 맞고 있다고 보도하면서 59년 만에 오바마 미국 대통령과 라울 카스트로 쿠바 국민회의 의장이 정상회담을 갖고 양국관계의 복원에 뜻을 같이 했다고 한다. 그래서 그의 대표작인 바다와 노인을 다시 돌이켜 본다는 의미에서 이 글을 쓴다.

나는 후에 바다와 노인을 대학교에 들어가서 영화로 보았는데 그 때 본 그 광활한 바다와 어둠에 잠겨드는 바다를 바라보면서 영화만을 본다기보다 자연의 한 단면으로서 바다가 주는 포근함과 신비로움을 온 몸으로 느꼈다. 그리고 바다는 늘 인간이 노력한 만큼만 준다는 교훈도 배웠다. 자연은 결코 노력하지 않는 자에게는 아무것도 주지 않는다.

나는 젊어서 민물낚시를 즐겨했다, 한동안 직장을 잃고 방황할 때 나는 돌아가신 둘째형님과 함께 김포에 있는 저수지를 시간만 나면 찾곤 했다. 언제 올라올지 모르는 찌를 바라보면서 시선을 고정하다 보면 깜빡 나의 존재를 잊고 물비늘처럼 반짝이는 경이로운 자연에 흠뻑 취하곤 했다. 그러다 찌가 물속으로 잠겼다가 쑥~ 물위로 솟구칠 때 그 때 탁~ 낚아채면 묵직하고 짜릿한 손끝의 느낌과 함께 요동치는 낚싯대를 통해 전해지는 팽팽한 긴장감으로 온 몸의 근육이 몽땅 일어서는 느낌을 받았다. 그 희열은 느껴보지 않은 사람은 모른다. 잡았다는 승리감 보다는 긴 시간과의 싸움에서 이겼다는 성취감이 육감을 한 순간에 취하게 한다. 찌를 당기는 맛이 얼마나 짜릿하면 10만원을 줄 테니 대신 당겨 보자는 친구의 간곡한 부탁을 일언지하에 거절한다고 하지 않았던가? 한동안 나는 그렇게 시간을 때워가며 나 자신에 대한 결기를 세워 다시 직장을 잡는 행운을 얻었고 그 때 참고 기다리면 언젠가는 행운이 찾아온다는 신념을 몸으로 익혔다.

백발에 턱수염이 덥수룩하게 난 할아버지 어부, 산디아고는 어구를 챙겨가지고 광활한 바다로 고기잡이를 나간다. 84일간이라는 긴 날들을 허탕으로 보내며 지쳐 있을 때 85일 되던 날 노인은 발밑에 밟고 있던 낚시줄이 갑자기 팽팽해짐을 느낀다. 순간적으로 고기가 낚인 것을 느낀 노인은 본능적으로 줄을 잡아당기자 하늘로 솟구치는 거대한 고기 한 마리를 발견하게 된다.

노인은 낚시 줄을 당겼다 놓았다를 계속하면서 고기를 낚아 올리려고 안간힘을 썼다. 그러나 손바닥이 갈라지고 무릎이 벗겨져 피가 나는 데도 노인은 "그래 누가 이기나 보자"라는 승부욕으로 기운이 다 빠질 때까지 고기에 끌려가면서도 팽팽한 줄을 놓지 않았다. 몸부림에 지친 거대 고기는 동아줄 싸움에서 힘이 빠진 사람처럼 서서히 노인의 배로 끌려오고 있었다. 고기는 상상했던 것보다 컸다. 길이 5.5m에 700kg 가량 되는 이 거대한 고기는 청새치라는 이름의 물고기였고 노인은 개선장군처럼 고기를 배 옆에 매어 달고 귀항을 서둘렀다. 그러나 청새치를 두들겨 패서 항복을 시키는 과정에서 흘러나온 피가 바닷물을 벌겋게 물들이자 피 냄새를 맡은 상어 떼가 달려들어 잡은 물고기 살점을 물어뜯자 노인은 사력을 다하여 몽둥이로 상어를 내리쳤지만 항구에 돌아 왔을 때 남은 것은 흰 머리뼈와 앙상하게 드러난 등뼈에 매달린 작은 뼈뿐이었다. 노인은 하얀 뼈만 끌고 온 자신을 원망하지 않았다. 아니 끝까지 항구로 끌고 온 거대한 청새치 뼈에 놀라 수근거리는 어부들을 보고 빙그레 웃으며 배에서 내린다. 그리고 그는 바다와 노인이 추구하고자 하는 궁극적인 목표가 물고기를 잡는 데 있지 않고 물고기를 잡는 의지를 끝까지 포기하지 않아 결국 대어를 낚았다는 만족감에 자신을 대견스러워 한다.

그리고 그 유명한 한 마디를 중얼거린다. '인간은 파멸할 뿐이지 결코 패배하지는 않는다' 라고….

노인은 잡는 과정을 중요시 한 거지 잡은 고기가 허연 뼈만 남긴 채 뱃전에 매달린 것은 그가 목표한 어획 후의 일이라고 괘념을 안 한 것이다.

육체적으로는 져도 정신력에서 이기면 그것이 최후의 승리자가 되는 게 아니던가!

나는 이 노어부의 말을 참 좋아한다. 인간에게는 노력을 하면 결코 패배하지 않는다는 큰 교훈을 남겼다. 중간에 어떤 어려움이 있더라도 인간은 패배하지 않고 다만 스스로 부서질 뿐이다. 이 얼마나 지독한 승부욕을 인간은 자신의 정신 속에 움켜쥐고 있는가! 그게 바로 인간만이 가지고 있는 정체성이다.

우리는 흔히 결과만을 놓고 사람의 능력을 평가한다. 크게 잘못된 인식이라고 아니할 수 없다. 거기까지 오는 숱한 고난의 과정을 들여다 본 적이 있는가? 고기를 잡았다는 게 중요한 것이지 뼈만 남았다고 어부를 책하는 것은 어부의 자존심과 명예를 모욕하는 것이다. 노인은 꿈을 버리지 않았다. 그리고 월드컵 때 우리나라의 구호였던 '꿈은 반드시 이루어진다'는 플래카드처럼 우리는 4강의 신화를 이루어냈고 큰 고기를 낚고야 말겠다는 노인의 꿈은 이루어졌고 후에도 이루어져 갔을 것이다.

여기에서 나는 나 자신을 잠시 들여다본다. 나는 어느 과정을 거쳐온 것일까? 돌이켜 보면 나는 사회에 파멸당하고 큰 목표를 이루는데도 패배하였다. 엄밀히 말한다면 나는 파멸자이자 패배자이다. 그리고 개인적인 결함과 운도 나빴지만 노력이 부족한 패배자였다고 반성하지 않을 수 없다. 제법 뛰어난 두뇌를 가졌고 좋은 대학 좋은 학과를 나왔다고 자랑하지만 내 꿈을 이루는 데 패배하였고 수많은 걸림돌에 넘어져 파멸하였다. 파멸한 내 삶과 패배한 내 인격을 회복하기 위해 다시 한 번 도전할 기회를 하느님이 주신다면 얼마나 감사하게 생각하겠는가?

마지막으로 헤밍웨이가 남긴 교훈 한마디로 끝을 맺고자 한다.

'만일 우리가 여기서 승리한다면 어느 곳에서도 승리할 것이다. 이 세상은 멋진 것이며, 싸워 볼 만한 가치가 있기에 나는 이 세상에서 떠나기를 대단히 싫어한다.' -어네스트 헤밍웨이 (2015. 4. 11)

시조집 『얼레와 어금니』를 발간하고

제가 자유시를 쓰지 않고 시조만을 고집하는 건 시조가 선조님이 남기신 위대한 유산이기 때문입니다. 자랑스러운 민족문화의 산물이기 때문입니다.

일본의 하이꾸가 세계적으로 널리 알려진데 비해 1,000년의 역사를 가진 우리의 자랑스런 민족시, 시조가 국민들 사이에서 잊혀간다는 것은 참으로 서글프고 불행한 일입니다.

시조는 3장 6구 12음보의 정형시입니다. 시와 시조를 구분하는 가장 중요한 잣대입니다. 시는 자유시와 시조로 나뉘어 져 신춘문예에도 시와 시조를 따로 나누어 모집합니다. 그런데 시조는 상금이 시보다 좀 쌉니다. 왜 이리 차별을 두는 것일까요? 잘못된 것이지요.

'우리 것은 좋은 것이어' 라는 광고 카피가 한때 유행했던 것을 님 들은 기억할 것입니다. 우리 민족은 흥의 민족입니다. 농악같이 신나는 예술이 이 세상에 어디 있습니까? 우리 모두는 흥만 돋구어주면 신이 나서 일합니다. 흥의 문화요 신명의 민족입니다.

우리 교과서에서 세계적인 이 시조를 점점 빼버리고 자유시만 늘리는 것은 잘못된 정책이요 역사관이라 생각됩니다. 제가 시조를 고집하는 이유는 3.4조의 신명나는 운율에 있습니다. 한번 3,4조로 글을 읽어 보세요. 입에 착 달라붙어 어깨가 들썩이는 멋진 소리를 내지 않습니까? 그러기에 시조는 가장 함축된 신명과 흥의 문화입니다. 시조의 맥을 이어가야할 당위성도 바로 흥과 신명의 문화가 5천년의 민족사를 형성해온 저력이라고 믿기 때문입니다.

꽹과리 소리를 들으면 그렇게 신나던 어린 시절을 떠올립니다. 모를 심거나 타작을 할 때, 또는 현대적인 행사에서도 농악이 빠지지 않고 있다는 것이 단적인 실증입니다. 우리 민족이 이렇게 압축성장하여 세계 10위권의 경제대국으로 우뚝 선 것도 따지고 보면 '잘 살아 보세'라는 잠재적 신명의 민족성이 불같이 일어났었기에 가능했던 것입니다. 새마을운동의 기저를 살펴봐도 삽과 괭이를 메고 가는 농민들의 뒷모습에서 '해보니 된다'는 성취욕과 확실한 결과가 그들에게 신명과 자립정신이 얼마나 중요한 것인지를 결과로 증명해 보였기 때문에 호응도가 높았던 것이며 오늘날 세계의 미개발 국가가 우리나리에 와서 이 운동을 배워 간다는 사실 하나만으로도 신명이 얼마나 큰 에너지를 발산하는지를 웅변으로 설명하고 있는 것 아닙니까?

이번에 1월 15일자로 희수 기념인 제3시조집 『얼레와 어금니』를 상재해서 시조시인들과 친구들에게 발송했습니다. 많은 분들이 졸저를 격려해주시어 깊은 감사를 드립니다.

저는 죽을 때까지 5권의 시조집을 내는 것이 소원입니다. 책 한 권 내려면 보통 출판비 이외의 부대 비용을 포함하여 5~600만 원쯤 듭니다. 적은 돈이 아닙니다. 출판비, 해설 원고료, 발송비, 기타 잡비 등을 포함하면 그렇다는 것입니다. 그래도 쓰고 책으로 발간하겠습니다. 시조만을… 한 길로 나가겠습니다. 오직 시조만을… 그래서 한 줄만이라도 내 시조가 기억된다면 큰 보람으로 생각하겠습니다.

시조를 문화유산으로 계승, 발전시키기 위해서는 신문, 잡지, TV 등 매스컴에서도 시조문제를 많이 다루어 우리의 전통 시 형식인 시조를 국민문화로 승화 시킬 수 있도록 힘을 보태 주고 특히 우리 정서에 맞는 시조보급에 정부가 먼저 솔선수범하여 교과서에서부터 그 비중을 조금씩 넓혀나가야 할 것입니다.

전통문화를 계승하지 않는 민족은 문화적 발전이 없습니다. 외형만 가꿀 것이 아니라 내실부터 다져 나가야 합니다. 그 앞장을 시조시인들이 서야 할 것입니다.

시조가 외국에서 새로운 문학 장르로 크게 평가 받을 수 있다는 예를 하나 들겠습니다. 우리나라 대학 교수가 미국에 가서 문학 강의를 하였는데 전부 서양문학에 대해서만 이야기 했다고 합니다. 그랬더니 학생들이 이미 다 알고 있다는 듯 연신 하품만 해 대다가 한 학생 왈 '한국이 5천년 찬란한 문화를 자랑한다고 하더니 지금 강의 하는 게 한국 문화요? 서양문화지… 한국은 전해 내려오는 민족문학이 없습니까?' 하고 질문을 하더랍니다.

마침 시조를 즐겨 하던 그 교수가 바짝 정신이 들면서 문득 시조가 떠오르더랍니다. 그래서 글과 형식을 갖춰가면서 시조를 설명하니까 갑자기 조용해지면서 학생들 눈이 반짝이더랍니다. 그래서 신이 나서 강좌를 마치었다는 이야기를 어느 지인으로부터 들은 적이 있습니다.

외국에서 〈켄터키 옛집〉이나 〈아베마리아〉가 국민의 사랑을 받듯이 우리나라의 〈아리랑〉이 세계인의 입에서 입으로, 귀에서 귀로 전파되어 세계문화유산으로 등재되는 영광을 갖지 않았습니까?

시조 보급 운동을 국민운동으로 승화시켜서 외국에서 사랑받는 문학 장르로 자리매김하기 위해서는 먼저 시조의 맥을 이어갈 수 있도록 정부의 교육정책의 변화가 있어야 합니다.

먼저 국민들로부터 시조시인이 대접 받는 사회로 바뀌어야 합니다. 자유시를 쓰는 사람들이 문학을 독점해서는 안 됩니다. 자유시만의 세계화를 고집하는 문단이 되어서는 안 됩니다.

마찬가지로 시조단도 지금처럼 지역주의, 인맥주의, 순번주의 등 끼리끼리 뭉치고 분열되어서는 안 됩니다. 상이란 상은 등단 순서로 나누어 갖고 좋은 상은 글을 아무리 잘 써도 원로들 몫입니다. 인맥이 없으면 글로 두각을 나타낸다는 것은 하늘의 별따기입니다. 돈이 없으면 자신을 알릴 길이 없습니다. 새내기가 빛을 볼 기회가 없는 것이 문단 현실입니다. 그리고 이러한 조류에 편승하여 맞불을 놓는 소위 중진들의 '갑' 질이 근절되지 않는 한 한국문단의 미래는 암울합니다. 고질적인 폐습이 개선되지 않는 한 유능한 신인들이 배출될 수 없습니다. 그러한 악습을 끊는 문단의 발전적 개혁이 절실합니다.

나이 먹은 사람이나 신참들은 항시 열외입니다. 아무리 좋은 시조를 써도 눈여겨보는 사람이 없습니다. 고루하고 지독한 선입견이 동승 기회를 원천적으로 차단하여 발표할 지면조차 할애하지 않습니다. 특히 몇몇 유력 시조 전문지는 소위 중진들에게만 지면을 할애하여 그들만의 리그로 발표 기회를 독점합니다. 이래가지고는 시조단이, 한국문단이 한 발자국도 발전할 수 없습니다. 문단의 중진들이 이 폐단의 고리를 솔선해서 끊는 것이 가장 급선무입니다. 그래야 신인도 살고 문단도 삽니다.

다음으로는 시조를 세계문화유산으로 등재시키도록 함께 힘을 모아야 합니다. 왜 선비문화가 왜구인 훈도시 문화보다 뒤져야 합니까? 분하고 창피합니다. 먼저 과연 민족문화로서의 시조발전에 얼마나 기여해 왔는가를 시조시인들부터 가슴에 손을 얹고 반성해야 합니다. 민족의 얼과 정신이 살아 숨 쉬는 전통문학을 계승 발전시키지 않는 나라가 무슨 문화민족입니까? 그런 국가가 5,000년 찬란한 문화와 전통을 세계에 자랑할 만한 자격이 있는 것입니까?

다행히도 한국시조시인협회가 창립 50주년을 맞아 몇 년 전부터 제대로 된 뼈대를 구성하고 이제 살을 바르고 있는 중입니다. 그리고 금년은 새로운 집행부로 바뀌는 해입니다. 즉 시조 단 구성요원을 선출하는 선거가 있는 해입니다. 현재까지는 단일 후보가 출마하여 무투표 당선이 될 가능성이 매우 높습니다. 지난번 집행부가 비록 지역주의와 자기사람위주의 편파성이 있었다는 비난이 있었기는 했지만 시조협회의 기둥과 살을 붙여 체계를 갖추었다는 점은 높이 평가할 만합니다.

그러나 새로 출범하게 될 집행부도 같은 전철을 밟아 내적으로 단결되지 않고 분파를 조장하지 않기 위해서는 시조 시인 고루가 참여하는 그야말로 무파색채를 띠어 시조시인들이 한마음 한뜻으로 뜻을 뭉쳐 제2의 시조 르네상스 시대를 맞기를 간절히 바랍니다.

이번 시집 발간을 계기로 얻은 게 있다면 집사람이 홍오선(시조시인)이라는 사실을 공개적으로 알렸다는 점입니다. 역시 경력이라는 것이 중요하기는 중요한가 봅니다. 헌데 좀 쑥스럽고 우습더군요.

(2015. 1. 21)

팔불출이라 해도 내 자랑 좀

나는 1939년 1월 충남 예산 생으로 금년 1월에 희수를 맞았다. 해방 때 8살로 초등학교 1학년생이었고 6.25가 나던 해에는 14살로 초등학교 6학에 재학 중이었다. 아버지는 초등학교 교장이시었고 슬하에 8남매를 두셨다. 그 중 생전에 막내이던 남자동생은 5살에 일찍 세상을 떴고, 큰형님은 6.25 때 행방불명되셨고, 누님은 꽃 같은 19살에 돌아가셨다. 세 자식을 잃으신 아버지께서는 박봉에도 남은 5남매를 어렵게 키우시면서 생존하신 할아버지 할머니 때문에 말년에 고향인 충남 예산을 떠나시지 못하시다가 할아버지 할머니를 아산의 온양온천으로 모신 후에 온양에 있는 신리초등학교에서 45년간의 교직을 마감하시고 정년을 맞으셨다. 행복이라곤 모르시고 살아오신 아버지가 한없이 불쌍하시다는 생각이 드는 게 솔직한 심정이다.

지극히 효자이신 아버지께서는 장남이라는 책임감 때문에 할아버지 내외분이 노년이 되시자 고향 곁을 떠나지 못하셨다. 오히려 충청남도 장학관과 예산초등학교 교장으로 발령을 내려는 것을 도교육청에 거꾸로 운동(?)을 하셔서 고향의 초등학교에 남으신 분이다. 아버지는 머리가 상당히 좋으신 분이다. 거기에 농사꾼이시던 할아버지께서 향학열이 대단하시어 큰 아들만큼은 어떻게든 고등교육을 시켜야 한다는 신념으로 유학을 보내기로 마음을 굳히셨다. 하여 그 당시 수재들이 모이는 상업학교로 유명한 선린 상고에 합격하셨으나 막상 서울에 머무르실 데가 없고 비싼 등록금 때문에 등록을 못하시고 국비인 대구사범학교를 나오셔서 교직의 길을 걷게 되신 것이다. 생전에 늘 하시던 말씀이 '내가 선린상고에 들어갔으면 은행원이 되어 최소한 지점장은 되었을 거' 라는 말씀을 자주 하시며 '그랬으면 너희들이 이렇게 고생을 안 해도 되었을 것' 이라고 약주 끝에 독백을 많이 하셨다. 어머니도 내가 알기엔 머리가 상당히 좋으신 것을 알고 있다. 한 번 들으시면 잊는 법이 없으셨다.

큰 형님은 글쓰기를 좋아하셔서 해방 후 고향에서 초등학교 선생님을 하시다 늦게 대학에 진학, 6 · 25 당시 H대학교 국문과 재학 중 피난을 오시다 행방불명되셨다. 그런데 1998년 이산가족 상봉 때 큰형님이 부모와 형제를 찾는다는 소식을 들었고 금강산에서 50년 만에 상봉을 하였다, 이 부분은 따로 나중에 다시 쓰기로 하겠다. 큰형님은 일제 시 일본 학생들과 조선의 수재들이 모이는 공주제일고보(지금의 공주고등학교)를 졸업하셨는데 정석모 전 내무장관과 동기이셨고 JP의 4년 후밴가 되셨다. 학교 다니실 때 공부를 잘하셔서 반장을 하셨고 나팔수로 활동도 하셨으며 기마도 하시어 재학 중 말을 타고 고향에 오시기도 하신 팔방미인이셨다.

둘째형님도 머리가 좋으셔서 그 당시 머리는 좋으나 돈 없는 학생들이 들어가는 학비가 없는 대전 사범학교를 나오셔서 초등학교 교사를 하시다 생활이 안 되시어 사표를 내시고 상경, 개인 사업을 하시어 돈도 제법 버셨지만 56세의 젊은 나이에 위암으로 별세하셨다.

셋째형은 고교 재학 시에 군대를 다녀와 학교를 마치고 공무원의 길을 걸으시다 서천군수를 끝으로 공직생활을 마치셨다.

넷째형은 중앙대학교 법과 재학 중 폐결핵으로 학업을 중단, 그 후 사업을 하셨다. 운 좋게도 내가 막내가 되어 고려대학교에 무시험으로 합격, 경제학과를 졸업했다.

여동생은 그렇게 대학교를 가고 싶어했는데 세 명씩 한꺼번에 대학을 보낼 형편이 안 되어 가사 일을 돌보다 먼저 결혼하였다.

아버지를 닮아 형제 모두가 공부를 잘했다. 그 중 특히 큰 형님과 내가 머리가 좋아 자랑 같지만 나는 예산농업고등학교 토목과를 나왔는데 당시 7개 학과 400여명의 학생 중 3년간을 전 학년 수석으로 장학금을 받으며 졸업하였다. 그래서 당시 무시험이 있던 고려대학교 경제학과를 택해 무난히 합격하였다. 당시에 내가 다닌 고등학교에서 서울문리대와 농대 등 3명, 고대 1명, 연세대 1명 등 5명만이 언필칭 일류대학에 진학했다. 아버지는 내가 고등학교 때 매 학기마다 평균 99점으로 늘 1등만 표시된 성적표를 보여드리면 흐뭇한 표정으로 그저 들여다보시기 만 하고 아무 말씀이 없으셨다. 그리고 술을 드시면 아무개 네 아들은 어느 은행에 들어갔다는 말씀을 하시면서 은근히 내가 은행원이 되기를 바라셨다. 그 소원을 못 풀어드린 게 한이 된다. 그런데 그 당시 교장이신 아버지의 월급만으로는 형제(넷째 형과 나는 집안이 어려워 중학교를 2년, 3년씩 놀다 들어가 고등학교를 한해에 같이 졸업했음)를 하숙시킬 형편이 안 되어 형과 나는 1학년 때부터 가정교사와 학교신문 기자생활로 잡비를 벌어 쓰고 등록금만 아버지께서 대 주시었다.

나는 지금 왼쪽 귀를 완전히 먹어 오른 쪽에 보청기를 끼고 겨우 남과 의사소통을 하고 TV 소리를 듣는다. 초등학교 6학년 때 저수지에서 미역을 감다 귀에 물이 들어 가 중이염을 앓았는데 돈 때문에 아버지께 치료해 달라는 말씀을 못 드리고 계속 귀에서 고름이 나와도 솜으로 닦아 내며 버티다가 결국 만성 중이염이 되어 청각을 잃어버린 것이다. 돈이 내 귀를 빼앗아 간 것이다. 당시에는 군대를 2년 만에 마치는 학보라는 제도가 있었다. 그런데 만약 학보로 나가면 돈 때문에 아버지께서 학비를 못 대주실지도 모른다는 걱정이 앞서 졸업을 못 할 것 같아 그냥 4학년을 마치고 군대를 갔다. 돈이 그리 중요한 것인지는 그때 절실히 깨달았다. 그런데 당시 중이염 환자는 무종 판정을 내려 입대가 보류되었는데 해마다 신검을 해야 함은 물론 당시에는 5 · 16 직후라 군대를 다녀오지 않은 사람은 취직을 할 수가 없었다.

그래서 졸업 후 신검을 할 때 중이염이 있다는 사실을 숨기고 그대로 입대를 하였다. 훈련을 마치고 부관학교에서 교육을 받았는데 그 때도 동기 중 1등으로 졸업을 하여 후에 차출이 나왔을 때 가고 싶은 곳을 맘대로 고를 수 있어 마침 육군본부에 T/O가 있기에 육본을 선택하여 남들에 비해 편안히 군대 생활을 마칠 수 있었다. 제대 후 잠시 모 연구소를 다닐 때 지금의 아내를 소개 받아 로미오와 주리엣 같은 연애 끝에 결혼에 성공하여 2남1녀를 두고 행복하게 살고 있다. 이화여대를 나온 아내는 사실 나보다도 머리가 더 좋다. 친구나 친척들의 이름이나 전화번호를 줄줄 외울 정도였다.

큰 아들은 아이큐가 140이 넘어 측정할 수 없을 만큼 머리가 좋아 어려서부터 천재 소리를 들었고 아이큐 140 이상 되는 수재들의 모임인 멘사 회장까지 지냈다. 학력고사에서 340점 만점에 326점을 받아 전국 12등으로 서울 의대에 들어가고도 남는 점수이지만 손에 피를 묻히고 싶지 않다면서 서울대 전자공학과를 나와 서울대에서 석. 박사를 받고 동경대에서 포스닥을 한 후 현재는 S대 정보통신학부 교수로 재직중이다. 당시에는 미국 유학보다 서울대 박사를 더 알아주었다. 대학교 학사, 석사 과정 중에 컴퓨터로 SF소설을 써서 발표할 만큼 문학에도 소질이 많았다. 지금은 시간이 없어서 글에서 손 뗀 지 오래지만 기회가 되면 다시 추리소설을 쓰겠다고 한다.

딸은 이화여대를 나와 국책기관에 다니다 연세대를 나온 지금의 사위와 결혼해서 전업주부로 있고 막내는 연세대 상대를 다니다 불의의 사고로 28살의 짧은 생을 마감하였다. 카투사였고, 6개월간 미국 연수도 했고, 회계사 시험공부를 하고 있었다. 너무 아깝고 슬퍼서 15년을 제사를 지내주다 작년에야 아들을 놓아 주었다, 마음이 떨릴 정도로 너무나도 가슴이 아픈 얘기다. 회사에 다닐 때 서울대 · 이대 · 연세대 등 세칭 일류대학에 다니는 삼남매를 두어 어깨가 으쓱하던 때도 있었다. 25년 전에도 대학입학

고사는 치열했었다. 그런데 삼남매가 학원을 다니지 않고 세칭 일류대학에 척척 합격하는 것을 보면서 어찌 어깨가 으쓱하지 않을 수 있겠는가?

세상은 성적 순이 아니라고 하지만 학교 다닐 때 늘 공부를 잘해 좋은 대학에 들어 갈 때는 그건 여간 자랑스러운 일이 아니다. 머리라는 것은 부모를 닮는가 보다, 비록 돈이 부족해도 자식들이 공부를 잘해서 일류 대학을 들어가면 목이 뻣뻣(?)해진다. 아버지께서도 마찬가지로 자식들이 공부를 잘하는 모습을 보시고 얼마나 흐뭇하셨을까 짐작이 간다. 학생시절엔 공부를 잘 해 좋은 대학을 가는 것이 부모에게 큰 효도를 하는 것이다. 그리고 콩 심은 데 콩 나고 팥 심은 데 팥 난다는 속담같이 부모가 머리가 좋으면 자식들도 머리가 좋은 유전성이 있나 보다. 후에 어떤 사람이 되느냐는 따지지 않는다면 자식들이 머리가 좋다는 것은 부모로서 최대의 기쁨이다. 팔불출인지 알면서도 후일의 기록을 위해 자화자찬의 이 글을 남긴다. 자랑이 지나치다면 '내 글에 침을 뱉으십시오.'

(2014. 1. 15, 내 생일날에)

욕심과 끈

일본의 여류소설가 소노 아야코의 『아름답게 늙는 지혜』라는 책을 보면 다음과 같은 구절이 있다. '일반적으로 물건을 하나 사면 하나를 버리는 게 맞다. 자꾸 물건이 쌓이면 집안의 공기도 나빠진다. 쓸모없는 것을 버리고나면 공기가 많아져 젊어지는 효과도 있다. 언제 죽을지 모르는데 새 것을 사면 뭘 하나 라는 생각은 자신을 더욱 고루하게 만든다. 신변소품은 가급적 새로운 것으로 교체하는 것이 정체된 자신에 활기를 준다.' 이 글을 읽으면서 가장 먼저 집히는 것이 하나를 사면 하나를 버리라는 구절이다. 우리들 소시민은 한 번 손에 넣은 것은 절대로 버리지 않는 묘한 집착심을 가지고 있다. 그게 바로 본능이 조종하는 욕심이다. 그리고 우리의 욕심은 무한대여서 제동장치가 없다. 욕심은 바로 소유욕을 자극하여 자칫 남의 물건에 눈독을 드리는 도심으로까지 발전하며 무엇이든지 한번 손에 넣은 것은 절대로 버리려 하지 않는다. 그런 현상을 의학적으로 '저장강박증'이라 한다고 한다. 얼마 전 신문에 보도된 대로 한 할머니가 물건만 보면 주어서 집에 쌓아 놓아 집안이 쓰레기장으로 변해서 동회에서 겨우 설득하여 6대분의 쓰레기를 치웠다는 기사가 바로 저장강박증을 설명하는 가까운 예이다.

성철 스님은 무소유를 법어로 남기시어 인간이 태어난 곳으로 돌아갈 때는 빈 손으로 간다는 점을 특히 강조하시면서 몸은 가볍게, 마음은 깨끗하게 비우라는 가장 쉽고도 어려운 화두를 던지시고 이를 시행하는 '비움의 미학'을 우리에게 강조하시었다. 우리의 욕심을 가장 쉽게 찾아볼 수 있는 게 이사할 때면 나오는 수많은 잡동사니이다. 십 수 년을 이사 때마다 끌고 다니면서 정작 이사 가서는 다시 천덕꾸러기로 벽장이나 장롱 속에 쳐 박혀 있게 마련이다. 그래서 이사 갈 때는 3년을 한 번도 쓰지 않은 것은 버리고 가라는 말이 있다. 아까워도 버리는 것이 정리의 정석이다. 그러나 우리는 하나를 사면 또 하나를 사고 싶을 뿐 먼저 하나를 버리는 용기가 없다. 그 욕심이 '돌림병' 처럼 창궐하여 욕심이 다시 욕심을 낳아 인생을 망치는 일을 다반사처럼 보고 있다.

마찬가지로 놓아야 할 끈이 있는가 하면 놓아서는 안 될 끈이 있다. 놓아야 할 끈을 놓지 않는 다는 것은 욕심과 일맥상통한다. 그러나 놓고 싶어도 놓을 수 없는 끈이 우리에게 존재한다. 첫사랑이 그러하고 죽음이 그러하고 친구간의 끈끈한 정이 그러하다. 남편이나 아내를 먼저 보내고 그 그리움의 끈을 어찌 놓을 수 있겠는가? 부모님이 돌아가셔서 생각나는 어버이의 고마움을 어찌 잊을 수 있겠는가. 요즘 절찬리에 상영되고 있는 〈님아 그 강을 건너지 마오〉를 오늘 집사람과 함께 보고 왔다. 다큐형식의 이 영화는 89세의 할머니와 98세의 할아버지가 주고받는 지고한 사랑을 그려 그 순수하고 어린애 같은 끈끈한 정이 관객의 마음을 숙연하게 했으며 마지막 할아버지를 산에 묻고 돌아서는 할머니가 땅에 주저앉아 발버둥치며 통곡하는 장면은 어느 일류 배우의 연기보다도 더 슬프고 애련하고 생생하여 나도 모르게 눈물이 흐르는 것을 주체할 수 없었다. 어떻게 70평생을 함께 살을 맞대고 살던 부부가 하루아침에 저승과 이승으로 갈라져 서로 의지하며 꼭 잡았던 삶의 끈을 놓을 때 그처럼 비통한 슬픔이 어디에 있겠는가? 하물며 자신의 분신을 앞세워 보내고 느끼는 끈의 소중함을 당해 보지 않은 사람이 어찌 그 비통한 마음을 눈물로 느껴 볼 수 있겠는가.

2008년 조지아주립대학가 발표한 연구에 따르면 자식을 앞세운 경험이 있는 부모는 다른 비교 그룹보다 더 자주 병에 걸리고 더 많은 부부들이 갈등에 시달린다고 한다. 자식을 잃은 지 20년이 넘은 부모들도 여전히 우울증과 트라우마 증세를 보인다고 한다. 아무리 잊으려 해도 잊어지지 않고 자식의 죽음에 타협하지 않기 때문이다. 어버이는 산에 묻어도 자식은 가슴에 묻는다더니 막상 내가 그런 일을 당하고 보니 매일같이 떠오르는 환영에 17년이 지난 지금에도 어른거려 그때마다 깜짝깜짝 놀라곤 한다

얼마 전 옛날에 모셨던 상사의 아들이 갑자기 죽었다고 해서 문상을 간 적이 있다. 고인은 3남 1녀의 가장으로 나이 불과 48세인데 목욕탕에서 샤워를 하다가 쓰러져 병원으로 옮겼지만 이미 사망한 후였다고 한다. 고인은 서울에서 고려대학교를 나오고 영국에 유학하여 박사학위를 받은 후 3년 전에 모교에 연구교수로 근무하던 장래가 촉망되던 학자였다. 나의 대학교 후배여서 평소 끈끈한 정을 유지해 왔는데 어느날 갑자기 유언 한마디도 없이 세상을 하직한 것이다. 나는 영정에 절을 하다가 나도 모르게 눈물을 흘리고 있는데 마침 옛날 상사이셨던 아버님을 보자 손을 붙잡고 마침내 '이거는 아니잖아요!' 하고 소리 내어 엉엉 울었다. 상사님도 그런 나를 보고 눈물을 흘리며 내 손목을 붙잡고 오열하였다. 끈은 연결고리로 엮어져 있기 때문에 자르지 않으면 나누어지지 않는다. 그것이 바로 가족이다. 부모님과 자식을 가슴으로 엮는 끈인 것이다.

나는 최근에 『얼레와 어금니』라는 세 번째 시집을 냈다. 부족한 글로 엮었지만 80가까운 노인이 늦게 시집을 낸다는 데 대해서 부끄럽기보다는 야릇한 쾌감마저 느낀다. 일종의 건방진 나르시시즘이다. 나는 마음이 울적할 때면 한 줄의 시를 쓴다. 그 알량한 시인이라는 명찰을 달고서 말이다. 시는 마음을 밝히는 등불이다. 깨끗한 마음으로 세상을 보게 하는 정화조이다. 하나를 얻으면 두 배로 커지는 것이 바로 시심이다. 이 어찌 아름다운 문학의 선물에 손을 놓고 살 수 있겠는가. 사람들이 욕심을 버리고 아름다운 시 한 줄로 삶을 살아간다면 이 세상은 지나친 욕심이 범람하지 않는 유토피아도 건설 할 수 있다. 과도하고 비정상적인 욕심을 버리자. 어차피 공수래 공수거인데 재물을 쌓으려고 남을 모함하고 살인을 하고,

사기를 치는 일이 왜 필요한 것인가! 가정을 행복하게 꾸며 부부간 서로 손을 맞잡고 해로하며, 자식과 손주들을 자주 만나 값싼 음식이라도 함께 먹으면서 가족의 소중함을 일깨우자. 나이를 먹을수록 친구를 만나 소주잔을 기울이며 끈끈한 우정을 쌓아가자. 로빈손 크루소로 살아가는 외톨이야말로 세상에서 가장 가엾고 불쌍한 사람이다. 그래서 나는 아름다운 시심으로 삶을 살아가려는 마음으로 오늘도 시 한 줄을 세운다.

(2015. 1. 8)

스위시의 매력

요사이 구청에 가면 스위시(swish)라는 영상 만들기 프로그램을 얼마 안 되는 수업료를 내고 강의 해 준다고 한다. 수많은 카페마다 스위시와 포토샵이라는 난을 만들어 작품 발표 기회를 주고 또 남이 만든 영상을 보며 공부까지 하게 하고 있다.

내가 처음 스위시를 접한 것은 한 10년쯤 됐다. 그 때는 스위시가 처음 나올 때여서 움직이는 영상이 하도 신기하고 매력적이라 밤을 꼬박 새우며 공부했지만 그 때는 강의하는 곳도 없고 해서 남에게 조금씩 물어가며 혼자서 독학으로 배웠다.

지금은 스위시가 보편화돼서 많은 사람들이 정말로 멋진 영상을 많이 만들고 있다. 스위시가 예술의 범위에까지 들어가 '영상 아트' 라는 예술의 한 영역으로까지 자리매김 하고 있을 뿐만 아니라 '영상 문학' 이라는 장르까지 생겨나도 그 영상문학회 작가회원의 한 사람으로 활동하고 있다. 이 카페 저 카페에서 스위시 영상을 가르치고 또 자기가 만든 작품을 올리고 하는데 이 영상 프로그램이 배우고 나면 얼마나 신기하고 재미있던지 한 5년을 쉬었다가 요즘 다시 스위시에 미쳐서 밤을 꼬박 새우면서까지 영상을 완성할 때가 있다.

스위시 영상을 보면서 처음에는 옛날 활동사진을 보는 것같이 흥미로워 고스톱이나 포커처럼 밤을 새워도 지루한 줄을 몰랐다. 그림이 움직이고, 눈비가 내리고, 꽃이 피고 낙엽이 지고, 물결이 움직이고… 못 만드는 영상이 없다.

보통 한 편의 멋있는 영상을 만들려면 5~6시간은 보통이고 어떤 것은 금방 될듯말듯하여 그 작품을 만들다가 밤을 꼬박 새우게 된다. 한 5년 손을 놓으니 별로 흥미가 없던 것이 swish4라는 새로운 프로그램이 나오면서 다시 재미를 붙여 요즘은 스위시로 노년을 소일하고 있다.

바쁜 벌은 근심할 틈이 없다는데 스위시를 배우면 치매에 걸릴 일은 없다고 본다. 머리를 많이 써야 하고, 남이 만든 영상을 연구해야 하고, 작품을 만들어서 카페에 올리고, 만들어 올린 영상을 몇명이나 보았는지(?)까지 관심을 쏟다보니 이제는 하루의 바쁜 일과가 되었다. 그런데 문제가 생겼다. 컴퓨터가 하나이다 보니 아내와 컴을 차지하려고 다투는 때가 많다는 것이다. 금방 똥이 나올 듯 나올 듯 하여 변기에 오래 앉아 있듯이 금방 움직일 듯 움직일 듯한 영상에 컴을 양보할 수 없으니 시를 쓰는 아내로서는 컴을 자주 써야 하는 입장이라서 가끔은 서로 얼굴을 붉힐 때도 있다.

사실 스위시에 미치다 보니 건강에는 무척 해롭다는 생각이 든다. 많게는 꼬박 10시간도 꼼짝 않고 컴에만 매달려 있으니 건강 관리에 좋을 리가 절대 없는 것이다. 내가 여기에 이 글을 올리는 것은 스위시가 그렇게 재미있으니 구청이나 친구나 카페에서 스위시를 배워 예술도 창작하고, 치매 예방도 하고, 소일까지 하는 일석삼조를 거두기를 바라는 심정에서다. 물론 나이를 먹어 배우기가 쉽지는 않다. 그러나 어느 일이 그리 쉬운 일이 있겠는가?

(2014. 9. 26)

『어느 경제학자의 세상보기』를 읽고

고려대학교 경제학과 교수와 금융통화위원을 역임한 황의각 박사가 이번에 2004년부터 2014년까지 각종 매체에 발표한 시사 논평과 칼럼을 모아 '어느 경제학자의 세상보기' 라는 제목으로 해맞이 미디어에서 그의 칼럼집을 출간하였다.

황교수와는 고려대학교 경제학과 입학 동기 동창으로 요즘도 한 달에 한번은 만나는 존경하는 친구이다. 내가 황의각 교수를 눈여겨본 것은 대학 1학년 영어 수업시간에 유창한 영어로 교수와 대화하는 한 학생을 주목하였는데 그 학생이 후의 황의각 박사였다.

황박사는 1960년대 명 강의로 한 시대를 풍미한 남촌 조동필 교수의 수제자다. 고려대학교에서 석사과정을 마치고 미국 Univercity of Oregon에서 경제학 박사학위를 받은 황박사는 33년간을 후학을 위해 모교인 고려대학교에서 경제학을 강의하였고 그 능력을 인정받아 우리나라 통화정책을 결정하는 한국은행의 금융통화위원으로 선정되어 이 나라 경제를 이끄는 한 축으로 국가 경제발전에 기여하였다. 지금은 낙향하여 저술과 독서로 소일하는 시골 할아버지로 한동안 맛보지 못한 자연과의 대화를 통하여 그동안 소원했던 부부애를 단둘이 즐기고 있는 행복한 장로님이다. 가끔 유명인사들이 황박사의 집을 방문하여 친분을 돈독히 다지는 한편 이 나라의 장래를 걱정하는 울분을 시사정담을 통해 토로한다고 한다.

모두 105편의 시론과 칼럼을 실은 『어느 경제학자의 세상보기』는 다양한 경제 · 정치 · 사회 진단으로 반목과 갈등을 조장하는 정치권의 한심한 오늘의 작태를 신랄히 비판하면서 부패한 정치권과 종북주의자들의 사회 혼란 조장이 우리나라 경제 발전의 암적 존재라고 단언하고 있다.

「설마 나라야 어떻게 되려고?」라는 칼럼에서 황박사는 다음과 같은 글로 나라의 장래를 걱정하고 있다. …. '특히 기가 막힐 일은 교육계, 언론계, 법조계를 장악하고 있는 좌익 성향의 리더그룹에 의해 대한민국 호의 기존 체제와 질서가 바르게 침몰당해도 그동안의 경제성장 덕택에 잘살게 된 일반 국민은 나라의 침몰 따위는 걱정해 보지 않을 뿐더러 실상 안중에도 없다. 그들은 돈만 더 많이 벌어 현재 삶의 패턴을 더 즐기는 것이 유일한 소망일뿐이다.' … 힘의 축이 좌편향으로 기울어지고 있어도 '설마 나라야 어떻게 되려고? 하는 안일한 생각에 빠져 있다.' (308쪽)

이는 오늘날 대부분의 사회 집단들이 배타적 안일에 빠져 우리가 처한 현실을 직시하지 않고 천민자본주의에 빠진 지도층과 졸부들에게 전하는 강력한 경고 메시지이다.

황박사는 이어 '자본주의가 살아남기 위해서는 낡은 것을 파괴하고 새로운 것을 창조해 내부로부터 경제구조를 혁명화 하는 돌연변이 즉 창조적 파괴(creative destruction)과정이 불가피 하다' 는 경제학자 '슘페터' 의 논리를 정리하여 현실에 안주하려는 지도층과 국민들에게 엄중한 경고를 보내고 있다.

그 밖에도 '우리 사회를 보수해야 한다' (35쪽) '우리 모두가 개혁 대상' (25쪽) 등의 촌천살인의 통찰력으로 오늘날의 대한민국호를 걱정하고 있다. '일(日), 국가이성 회복이 독도문제 해법' (197쪽), '민주화 외치다 교육은 병들었다' (163쪽), '거짓말 넘치는 한국 사회' (98쪽)등 에서 우리 정치지도자와 교육자, 학생들에게 보내는 원로 학자의 우국충정이 우리의 썩은 부분을 가감 없이 발가벗겨 놓고 있다.

나는 경제학을 전공하고 사회생활을 하다 2005년에 문학지로 등단한 시인이다. 시인은 사회를 진단하고. 가려운 곳을 긁어주며, 때로는 울분을 토하는 사회의 고발자이기도 하다. 꺾일지언정 굽히지 않는 것이 문학인들의 펜이다. 잘 아는 김지하 시인은 「오적」을 사상계에 발표했다가 불구가 다 되어서 출소했다.

경제학자나 아니 어느 분야의 전공 교수, 또는 언론인, 문학인이라도 모두가 그 분야에서는 사회를 이끌어 나가야 할 최 일선 리더이다. 그래서 부정부패에 눈을 감고 현실에 안주해서는 안 된다, 지성인이 할 말을 못하고 침묵하면 그 사회는 죽은 사회이며 따라서 나라의 장래는 없다.

영국의 유명한 경제학자이자 경제학의 아버지로 불리는 아담스미스는 경제가 '보이지 않는 손' 에 의하여 움직인다는 논리를 개진한 것은 경제학을 공부한 사람이면 다 아는 명언이다. 효율적 자원 배분을 가능하게 하는 시장기능을 '보이지 않는 손' 이라고 정의하고 시장기능을 정부가 개입해서는 안 된다고 단정적으로 말했다.

마찬가지로 문학도 시대 변천에 따라 어휘나 형식 내용 등에 '보이지 않는 손' 에 의하여 변하여 왔고 앞으로도 또 변할 것이다. 시가 시인지 수필인지 모르게 씌어지고 있는 것도 '보이지 않는 손' 이 시의 형식을 바꾸어 놓았기 때문이다. SF나 일반 문학작품도 마찬가지이다

나는 황박사의 우국충정어린 글을 보면서 여기에 실린 글은 모두가 하나의 경제시이자 경제수필이라고 본다. 어느 시인이나 수필가도 세상사와 관련된 글을 황박사처럼 시(詩)적으로 또는 수필조로 쓴 문학작품을 보지 못했다. 그래서 지루하지 않게 단숨에 읽게 하는 마력을 지닌 현실사회의 고발서이자 지침서이다.

결론적으로 말한다면 누구나 읽을 수 있는 흥미 있는 경제 산문집이다. 시를 쓰는 나로서는 황박사 같은 시인 닮은 경제학자 친구를 가진 것을 참으로 행복하게 생각하며 이 칼럼집을 많은 사람들이 읽어 사회를 정화하는 목탁이 되기를 기대해 본다. 많은 정치인, 기업인, 관리 그리고 학생들에게 서슴지 않고 일독을 권한다. (2015. 5. 2)

색채 없는 다자끼가 순례를 떠난 해

무라카미 하루키의 장편소설 '색채가 없는 다자키 쓰쿠루와 그가 순례를 떠난 해'는 우리나라에 2013년에 번역돼 한국의 독자로부터 열렬한 찬사를 받은 세계적인 베스트셀러 장편소설이다. 이 책의 주인공이자 철도회사에 다니는 다자키 쓰쿠루가 서른여섯 살이 되던 해, 두 살 위인 서른여덟 살의 기모토 사라와 사랑하는 사이가 되면서 어느 날 사라가 쓰쿠루에게 고등학교 시절의 생활을 묻는 것으로부터 이야기는 시작된다.

대도시의 중상류층에서 자란 다섯 명의 학생은 나고야시 교외에 있는 공립고등학교 1학년 때 절친한 사이가 되어 남자 셋, 여자 둘의 모임을 만든다. 아카(赤. 아카마쓰 게이), 아오(青. 오우미 요시오), 색깔이 없는 쓰쿠루 셋은 남학생이고 시로(白. 시라네 유즈키), 구로(黑. 구로노 에리)는 여학생이다. 모두 색깔이 다른 성을 가진 것이 우연한 특징이다. 그리고 가는 길도 서로 다르다. 각자 정오각형의 정점에 서서 없어서는 안 될 한 축을 담당한다고 자부하면서 공동체를 이루어 간다. 다섯 개의 손가락처럼. 그리고 쓰쿠르는 미인이면서 음악을 사랑하는 시로를 은근히 좋아한다. 그러나 쓰쿠루가 동경대 공학과로 진학하고 나머지 네 명은 나고야에 있는 대학으로 진학하면서 서로 헤어지게 된다. 그런데 대학 2학년 여름방학 때 집에 온 쓰쿠르는 친구들에게 전화를 하자 네 명의 친구가 '앞으로 전화하지 말라'고 절교를 선언한다. 그리고 그 이유는 모두가 똑같이 '스스로에게 물어 보라'고 한다.

쓰쿠르는 여기서 절망에 빠져 죽음을 생각할 만큼 소외와 고독감을 느낀다. 그리고 대학 졸업 후 철도회사에 취직하여 서른여섯 살 때 사라를 만난다. 사라는 쓰쿠루에게 친구들을 직접 만나 절교 이유를 확인하기를 권하고 인터넷에서 그들의 주소와 직장을 알아 자료를 넘겨주는데 시로는 서른 살에 죽었다고 한다. 쓰쿠르는 이들을 예고도 없이 불쑥 찾아가 직접 만나 절교를 선언한 이유를 묻고 답을 듣는다.

럭비 선수였던 아오는 자동차 렉서스를 파는 점장이다. 아오는 절교 이유를 묻는 쓰쿠르에게 시로가 '네가 약을 먹이고 자기를 강간했다' 고 하여 만나지 않기로 의견을 모았다고 설명한다. 쓰쿠르는 충격을 받는다. 그리고 시로가 서른 살 때 피아노 선생으로 있던 하마마쓰의 자기 집에서 교살된 시체로 발견됐다고 설명한다.

아카를 만났다. 머리가 좋았던 아카는 좋은 직장인 은행을 사직하고 기업을 대상으로 인재를 육성하고 재교육하는 서비스 회사를 차려 대 성공을 거둔 창업자가 됐다. 아카는 시로가 '너를 은근히 좋아하는 듯' 보였다면서 네가 동경으로 가자 '너에게 실망' 을 느낀 나머지 그런 말을 했고 우리는 나고야에 남아서 서로 도우며 살아가야 될 것이기 때문에 시로 보다 '너를 자르는 편' 이 더 실질적일 거라는 공감대가 형성되어 절교를 하게 된 것이라고 이유를 설명했다. 아카가 리스트의 '르 말 뒤 페이' 가 들리냐고 묻자 그 대답으로 시로가 피아노로 치던 슈만의 '트로이메라이' 가 들리는 듯 했다.

마지막으로 핀란드로 학생시절 유머가 돋보이던 에리를 찾아 떠난다. 에리는 자작나무 숲이 우거지고 호수가 보이는 별장에서 가족과 피서를 즐기고 있었다. 그녀는 도자기를 만드는 남편과 함께 도자기를 만들어 팔고 있었다. 둘은 대화를 나눴다. 그리고 에리는 유즈를 지키기 위하여 '너를 잘랐다' 고 말한다. 유즈는 실제로 임신을 했고 유산을 했으며 그 상대는 쓰쿠르라고 확실한 어투로 말했다는 것이다. 그리고 유즈의 죽음에는 '내가 너를 사랑했기 때문인지도 모른다' 고 말했다. 쓰쿠르는 에리가 자기를 사랑했었다는 말에 충격을 받는다. 그리고 '나 좀 안아주지 않을래?' 하고 말하는 에리를 앞에서 안았다.

'냉정하면서 언제나 쿨하게 자신의 페이스를 지키는 다자키 쓰쿠루'. 그는 동경으로 돌아와 사라에게 전화를 건다.

내가 장황하게 소설의 세세한 곳 까지 설명한 것은 그렇지 않고서는 어떤 말을 하던 독자들이 유즈의 죽음이 에리의 질투에서 시작되었다는 사실을 믿으려하지 않을 거라는 두려움 때문이었다. 그리고 이 줄거리만 읽어도 작가가 전하고자 하는 테제가 무엇인지 한 눈에 보라는 의미도 담겨 있다. 초판에 50만부를 찍어내고 1주일 만에 100만부를 돌파했다는 이 소설은 쓰쿠루가 친구들로부터 절교선언을 당하고 16년이 지나서야 그 아픔의 이유를 찾아 순례를 떠나듯 '왜 나를 따돌렸는지'를 확인하기 위하여 세 명의 친구를 만나 그 이유를 설명 듣는다. 그리고 그 이유가 전혀 뜻밖인 에리가 자기를 좋아했다는 사실에서 클라이막스를 이룬다.

3년 전에 발표한 무라카미의 『상실의 시대』가 스무 살까지의 성장소설이라면 이 책은 스무 살에서 서른여섯 살까지의 방황의 세대를 그리면서 그의 사고의 깊이와 넓이가 어떻게 변해가는지를 보여주고 있다.

'시로의 정신은 아마도 그런 다가올 미래의 압박을 견디지 못했을 것이다. 지금 그룹과 정신적인 연동을 풀어 놓지 않으면 그 붕괴의 현장에 휩쓸려 자신도 치명상을 입게 될 거라 생각했을지도 모른다. 침몰하는 배가 일으키는 소용돌이에 휘말려 바다 깊은 곳으로 끌려들어가는 표류자처럼.'

'그녀는 나약한 편이었다. 자신을 보호하기 위한 충분하고 견고한 껍질을 만들어내지 못했다. 급박한 위기를 두고 조금이라도 안전한 장소를 찾는 것이 고작이라 수단을 가릴 여유가 없었다. 누가 그녀에게 돌을 던질 수 있을까?'

위에서 작가가 그려냈듯이 현대의 젊은이들은 나약하고 남에게 의지하는 일이 많다. 스스로 해결할 힘이 없으며 누가 붙들어 주지 않으면 그 자리에서 주저앉는다. 그러면서도 한편으로는 개성이 강하다. 네 명의 색깔이 분명한 사람과 색깔이 없는 다섯 번째의 쓰쿠루는 각기 따로 자기 공간에 있으면서도 서로를 끌어당겨 팽팽한 자기 좌표를 설정한다. 그렇게 무채색에서 유채색으로 변하는 쓰쿠루의 인생여정이 바로 10대에서 30대까지 성장해 나가는 과정이다. 특히 색채가 없는 다자키 쓰쿠루는 여러 난관을 차분히 헤쳐 나가면서 자기의 색깔을 찾는다는 것은 중요한 의미를 갖는다.

그렇다. 세상이라는 것은 수많은 사람들이 각자의 색깔을 유지하면서 어떻게 세상과 동화해 나가는지를 그려 나가는 장거리 경주와 같다. 그리고 색깔이 없는 평범한 삶을 어떻게 색깔을 입혀 세상과 동화해 나가는지 그 과정에 대해 이 소설은 명쾌한 해답을 제시하고 있다.

이 책은 한번 손을 잡으면 눈을 뗄 수가 없다. 435쪽에 달하는 꽤나 긴 장편소설임에도 불구하고 무라카미 특유의 탐정소설과 같은 작법으로 얼마나 남았는지를 수시로 체크할 만큼 얇아져 가는 두께에 조바심을 일으키게 한다. 그래서 잠자는 시간을 빼고 하루 반 만에 이 소설을 독파했다는 것도 매우 흥미와 재미가 있었다는 설명으로 받아들이기 바란다.

우리는 지금 어느 좌표에 서 있는가? 그리고 좌표와 좌표 사이에 있는 그 많은 여백을 무엇으로 채워 넣을까? 그것이 이 책이 우리 모두에게 던지는 화두라는 점을 한 번 더 강조하면서….

(2015. 7. 4)

제5부
노을로 서서(시조 다섯 편)

노을로 서서

-나에게

사위는 노을 자락 눈시울에 내려놓고
고갯마루 넘어가는 내 무게는 얼마일까
세월이 오두마니 앉아 지켜보는 저울 눈.

삶이란 꽃잎 같아 떨궈야만 여문다기
샘물처럼 솟는 생각 핏줄마다 채웠는데
이렇듯 빈 수레구나, 꿈쩍 않는 저 눈금.

*제2시조집 『39도 5부』 중에서

***시작 노트**

인생이란 게 살다 보니 허무하다는 생각이 드는 것은 이제 갈 길이 많이 남지 않았기 때문 일게다.

열심히 살아 왔지만 어느덧 황혼기에 접어들어 귀에서 이명 소리가 들린다. 서편으로 지는 노을이 앞장을 서고 있다. 부족한 3%를 채우기 위해 꽃잎을 떨구는 연습을 해 보았지만 열매를 맺기에는 아직도 채움이 부족한 듯 빈 수레 소리만 요란하다. 마음을 먼저 비워야 하는데 세월이 제 먼저 알고 몸부터 비우라고 아우성이다. 그래서 그런지 삭신이 아리다.

나름대로는 밭을 갈고, 씨를 뿌리고, 김을 매고, 거름도 주어 봤지만 열매는 간 곳이 없고 빈 쭉정이만 가득 매달려 있다. 저 홀로 붉어져서 실핏줄만 앙상하다.

화려하던 무대는 뒤로 사라지고 낙엽만 처연하게 가는 길 앞에 수북하게 쌓여가고 있다. 우아하게 지는 연습이 필요한 시기인 듯하다. 용서는 모래에 새기고 은혜는 돌에 새기라고 했는데 그러면 마지막 미련은 어디에 새겨야 할까?

붉은 눈빛
-아내에게

허공에 줄 올린다, 누가 먼저 손을 놀까
남은 빈칸 채우기엔 한 소절도 너무 길어
내 먼저 전조등 되어 오는 길 밝히리다

창밖에 여무는 달빛 단장의 아픔일 레
얄팍한 허리춤에 밀서 한 장 남겨놓고
한 발짝 앞서가리니 두 발짝 뒤 오시게

자다 깨어 설핏 본 연리지 당신 얼굴
주름살 언저리에 웃는 내가 앉아 있다
잊힐라, 함께한 세월 등이 마냥 시리다.

*제3시조집 『얼레와 어금니』 중에서

***시작 노트**

2년 후면 금혼식을 맞는다. 무교동 바닥이 떠들썩하게 사랑을 시작하여 둘이서 손을 맞잡고 동행을 시작한 지 벌써 50년이 다 돼간다.

사랑만으로는 어려운 고비도 있었지만 그 때마다 외다리는 용케 비켜갔다. 참고 한 길로만 함께 달려온 아내가 너무 고맙다. 때로는 샛바람처럼 때로는 높새바람처럼 인생의 고빗길을 잘 넘어와 준 아내가 산의 무게만큼이나 든든하다. 허나 언젠가는 마주해야 할 이별의 아픔을 생각하면 코가 찡하다. 어차피 누군가 먼저 가야 할 애틋한 이별이지만 그 길을 내가 앞장서고 싶다.

여보. 내가 전조등이 되어 오는 길을 밝히리니 그 순서를 바꾸지 마시게. 한 발짝 앞서가리니 두 발자국 뒤 오시게. 당신은 혼자 살 수 있어도 나는 혼자서 살 자신이 없기 때문이오. 문득 곤히 잠든 당신 얼굴을 보며 그동안 고생시킨 것, 그동안 마음 아프게 한 것 모두 내 탓이리니 남은 생도 연리지처럼 서로 의지하고 삽시다. 살고 보니 삶이란 잘 포장된 허수 같구려. 사랑하오, 당신!

나무 눈 뜨다
-아버지 생각

세월의 음계인 양 높낮이로 정좌하고
아슴한 는개 속에 꿈꾸는 나이테여
음 이월 달뜨는 소리에 초록이 눈을 뜨고

삼동을 벗어던져 또 한 해를 추스르며
일제히 일어선다, 또다시 새 봄이다
꼿꼿이 등뼈 세우신 아버지 뒷짐처럼.

*제2 시조집 『39도 5부』 중에서

***시작 노트**

눈을 감으면 문득 앞장서 계시는 아버지를 뵙는다. 부모님과 자식 걱정에 한 시도 내려놓을 수 없는 고단이라는 멍에. 가시고기처럼 보금자리 곁을 떠날 수 없는 숙명을 끌어안고 한 가정의 바람막이로 평생을 버텨 오시며 등뼈를 곧추 세우시던 아버지. 늘 뒷짐을 지시고 무엇인가 골똘히 생각하시던 아버지 뒷모습이 눈개 속에 아른히 피어오른다.

아버지의 아버지께서도 희미한 달빛 아래 자갈밭을 일구시다 달 한 입 베어 물어 허기를 달래셨던 내 유년의 잔상이 주마등 같이 스쳐간다. 누구에게나 아버지는 든든한 버팀목으로 한 가정을 이끌어 가시던 기둥으로 기억된다.

돌아가신 지 벌써 19년이 지났다. 고단한 짐을 내려놓으신 자유스러운 아버지 모습을 꿈속에서 뵙는다.

어머니와 먼저 찾아 온 아들 손주를 앉혀놓고 밥상머리에 웃음꽃을 피우시는 아버지 환한 모습이 필림처럼 지나간다.

이제 피곤한 짐을 내려놓으시고 하늘나라에서 편안히 지내십시오. 아버지! 존경합니다.

기일(忌日)
-어머니 생각

추임새 하나 없이 혼자서 부르시던
서리서리 돋는 한을 빗소리로 듣는다
홑이불 시침질 끝에 땀땀이 꿰던 독백.

홀로 견디느라 등 굽어 휘인 생애
먼저 가신 님 생각도 백발처럼 바래더니
한 많던 구십삼 년 세월 꼭 쥐시고 가셨는가.

해마다 이만 때 쯤 아버님 동행하여
애지중지 키워냈던 자식새끼 반가워서
더운 밥 한 그릇에도 미소 환히 지으시리.

*제2 시조집 『39도 5부』 중에서

***시작 노트**

우리 어머니는 14살에 15살이신 아버지한테로 시집 오셨다. 멀리 충남 대천에서 충남 예산의 대술면 방산리로 꽃가마를 타고 오셨다. 방산리는 영의정을 지내신 아계 이산해(李山海)의 산소가 모셔져 있는 한산이씨 집성촌으로 밤에는 호랑이가 나오던 심심산골이다.

8남매를 키우면서 시부모님을 봉양하시던 어머니께서는 생전에 3남매를 앞세우고 남은 5남매를 가르치시느라 새벽에 별을 보고 일어나셔서 낮에는 보리방아를 찌어 세끼를 준비하시고, 저녁에는 물레를 돌리어 무명실을 뽑으셨다. 교장으로 정년퇴직하신 아버지와 75년을 해로하시다 5년 먼저 아버지를 여의시고 93세에 소천하셨다. 장남을 6·25에 잃으시고(후에 남북이산가족 찾기에서 금강산에서 상봉) 노심초사하시던 어머니께서는 상봉 1년을 앞두고 그 기쁨을 누리지 못하시다 한을 안고 하늘나라로 가셨다.

군인 있을 때 막내인 나는 휴가 때마다 어머니 젖가슴을 만지며 잠들었다. 누구에게나 마찬가지로 어머니는 잊혀지지 않는 그림자로 우리를 지켜오셨다. 어머니께서 돌아가신지 15년이 되었다. 꿈에라도 한 번 뵈웠으면 하지만 기척이 없으시다. 벌써 막내를 잊으신 건가? 보고 싶습니다. 어머니!

얼레와 어금니

-미래에게

사는 일 부대껴서 얼레를 풀다 보니
내 천(川)자 주름 위에 한 생애가 지나간다.
삭아야
길을 내는가
어금니 같은 나의 기도

*제3 시조집 『얼레와 어금니』 중에서

***시작 노트**

더 살아야겠다는 원초적 본능이 이마에 늘어가는 주름에 오버랩된다. 76년이라는 짧지 않은 세월에, 돌아다본 회한과 남은 생에 대한 미련이 그 손익계산을 따지기에 분주하다. 그 마지막 가늠자가 저울의 어느 눈금에 머무를지 아직도 알 수 없다. 어금니가 삭을 때쯤 그 해답을 들을 수 있을는지 막연한 기대를 안고 오늘도 삶이라는 남은 얼레를 풀어 본다.

코드 55

찍은날 2015년 11월 20일
펴낸날 2015년 11월 25일
지은이 이정원
펴낸이 박몽구
펴낸곳 도서출판 시와문화
주 소 (13955) 경기 안양시 동안구 경수대로 883번길 33,
103동 204호(비산동 꿈에그린아파트)
전 화 (031)452-4992
E-mail poetpak@naver.com
등록번호 제2007-000005호 (2007년 2월 13일)

ISBN 978-89-94833-13-2(03810)

정 가 12,000원